인생의 아홉 단계

인생의 아홉 단계

에릭 에릭슨 · 조앤 에릭슨 | 송제훈 옮김

교양인
GYOYANGIN

차례

| 개정 증보판 서문 |

《인생의 아홉 단계》 개정 증보판은 에릭슨의 심리사회적 발달 연구 방법이 처음에 예측하지 못한 생애 주기의 아홉 번째 단계의 요소들을 설정한다는 점에서 이전 판본을 넘어선다. 이 새로운 소재를 논의하려면 《인생의 아홉 단계》 초판에서 마지막 단계였던 여덟 번째 단계에 초점을 맞춰 우리에게 일어났던 일을 먼저 설명해야 한다.

생애 주기의 여덟 번째 단계에 대해 에릭과 내가 이해하고 제시한 내용을 설명하기 전에 여덟 번째 단계의 '승격'에 얽힌 이야기를 독자들과 나누고 싶다.

1940년대 말, 캘리포니아에 살고 있던 우리는 '아동과 청년에 관한 세기 중반 백악관 회의(Midcentury White House Conference on Children and Youth)'에 초청되어 생애 발달 단계를 다룬 논문을 제출했다. 우리가 제출한 논문은 〈건강한 인격의 성장과 위기(Growth and Crises of the Healthy Personality)〉였다.

에릭과 나는 열정적으로 연구에 매진했다. 당시 에릭은 UC버클리대학에서 아동에 관한 장기 연구 프로젝트를 수행하고 있었기 때문에 아동 정신분석에 오랫동안 관여하며 캘리포니아에 머물고 있었다. 나는 세 아이의 육아와 가사에 전념하고 있었다. 우리는 발달의 초기 단계들에 대해 상세히 알고 있으며 중년과 결혼 그리고 육아 문제와 어려움을 점점 더 잘 이해하고 있다고 확신했다. 지금 생각해보면 헝클어진 실처럼 엉킨 관계의 문제 한가운데에서 어쩌면 우리가 그렇게 잘 알고 있다고 느낄 수 있었는지 놀라울 뿐이다.

깔끔한 사각형 도표와 신중하게 고른 단어로 전체 생애 주기를 종이 한 장에 담아 제시할 수 있었다. 이후에 많은 부분이 수정되고 다듬어지리라는 암시는 전혀 없었다. 나중에 이 도표는 길이와 크기가 늘어나고 시각적 효과를 위해 색을 입혔다. 나는 생애 주기 도표는 천을 짜듯 만들어 가는 것으로 바라볼 때, 더 좋게는 자신이 직접 그것을 만들어 갈 때 진정으로 의미가 깊어진다고 줄곧 주장해 왔다.

백악관 회의 직전에 에릭은 로스앤젤레스에서 심리학자와 정신과 의사들의 초대를 받아 생애 발달 '단계들'을 발표했다. 우리는 그러한 자리가 이 연구 자료를 토론하고 검증할 좋은 기회가 될 것이라 생각했다. 우리는 차를 타고 가장 가까운 기차역으로 가서, 에릭은 그곳에서 기차 편으로 로스앤젤레스를 향해 출발하고 나는 아이들이 있는 집으로 서둘러 돌아오기로 했다.

버클리의 구릉지에서 사우스 샌프란시스코의 기차역까지는 꽤 먼 길이었다. 우리는 그 시간 동안 발달 단계 도표와 발표에 대해 의견을 나누었다. 또한 대문호 셰익스피어가 쓴 〈인생의 일곱 단계〉에 좀 더 포괄적인 우리의 발달 단계 모델에서—하필이면—세 번째 단계에 해당하는 놀이기(play age)가 완전히 빠져 있다는 사실을 떠올리며 즐거워했다. 이 얼마나 매혹적인 역설인가! 어쩌면 그것은 모든 아이와 어른의 삶에서 놀이의 역할에 그가 무지했기 때문인지도 모른다.

그 뛰어난 시인이 인생의 여러 시기에 관해 말한 몇 가지를 독자들에게 상기시키고자 한다. 인간의 나이 듦을 살펴본다는 것은 사실 우울한 일이다.

> 온 세상이 무대이며
> 모든 남녀는 한낱 배우에 불과합니다.
> 그들에겐 등장과 퇴장의 때가 있으며
> 저마다 주어진 시간에 많은 역할을 맡습니다.

일곱 단계를 연기하면서, 맨 처음에 갓난아기는

유모의 품에서 힘없이 울며 젖을 토합니다.

이어서 책가방을 어깨에 멘 학생은 투덜대며

빛나는 아침의 얼굴로 달팽이처럼 꼬물꼬물

마지못해 학교에 갑니다. 이어 사랑에 빠진 청년은

지옥처럼 한숨을 내쉬며 연인의 눈썹을 찬미하는

애처로운 시를 노래합니다. 다음으로 군인은

표범처럼 수염을 기르고 이상한 확신에 차서

명예를 구하려 안달하다가 거품 같은 명성을 좇아

싸움 속으로, 심지어 대포의 아가리 속으로 득달같이 뛰어듭니다.

이어서 엄격한 눈빛과 점잖은 턱수염의 재판관은

얼굴엔 주름이 깊고 배는 불룩하지만

온갖 금언과 최신의 소송 절차로 무장한 채

자신의 배역을 연기합니다. 여섯 번째 시기는

실내화를 신은 깡마른 노인으로 넘어갑니다.

불룩해진 눈두덩에 코끝에는 안경을 걸치고

이제 앙상해진 다리에

젊은 시절 입던 바지는 헐렁하기만 합니다.

남자답던 우렁찬 목소리는 아이의 새된 목소리로 돌아가

피리나 휘파람처럼 삑삑거리고
별스럽고 파란만장한 역사에 종지부를 찍는 마지막 장면에서
그는 다시 어린아이가 되어
이도 없고 보지도 못하며 미각도 없고 아무것도 없는
망각이 되어버립니다.
-《뜻대로 하세요》 제2막 7장, 139

에릭이 운전을 하는 동안 생애 주기 도표를 무릎 위에 펴놓고 있던 나는 불안해지기 시작했다. 우리처럼 셰익스피어도 일곱 단계를 이야기했지만 중요한 한 단계를 빠뜨렸다. 우리도 혹시 빠뜨린 것이 있지 않을까? 나는 갑자기 무엇이 잘못되었는지 분명하게 깨달았다. '우리'가 빠져 있었다. 일곱 단계로 이루어진 도표는 '청년기'(제6단계)에서 '노년기'(제7단계)로 바로 넘어갔다. 우리에겐 제6단계와 제7단계 사이에 또 한 단계가 반드시 필요했는데 시간이 많지 않았다. 우리는 곧 '생산력 대 침체(Generativity vs. Stagnation)'라고 이름 붙인 일곱 번째 단계를 추가했고, 지혜와 자아 완성(integrity)의 특성을 지닌 '노년기'는 그 뒤를 잇는 제8단계로 승격되었다.

자신이 현재 생애 주기의 어느 단계에 있는지 인식하고 균형 잡힌 시각으로 보기는 참으로 어려운 일이다. 차분히 살피지 않

으면 오늘은 어제와 같을 따름이다. 세월이 빠르게 지나가고 노년기가 소리 없이 다가온 뒤에야 알아차리게 될까? 제8단계의 상세한 내용을 우리는 아주 천천히 이해하기 시작했다.

제8단계

백악관 회의에 맞춰 '생산력'을 추가한 뒤에도 우리는 아이들의 커 가는 요구와 강연 일정, 연구 보조금 신청 그리고 다른 많은 일들로 눈코 뜰 새 없이 바빴다. 에너지가 천천히 떨어져 갔지만 노년기를 체감하기 전까지는 모든 일을 잘 처리해 나갔다. 아마도 줄곧 내리막길을 걷고 있었겠지만 그다지 심각하게 받아들이지 않았다. 친구들도 우리의 태평함에 힘을 실어주었다.

이 책을 처음 썼을 때 에릭은 80세였다. 우리는 노인이 되었다는 사실을 기꺼이 인정했지만 90세가 가까워지기 전까지는 현실적으로 노년의 어려움을 직면한 적이 없었다고 확신한다. 그때까지 우리의 삶은 해결할 수 없는 어려움에 부딪친 적이 없었다. 90세가 되자 모든 것이 달라졌다. 이전에 우리에게 어떤 징후가 있었든, 그리고 우리가 별스럽거나 심지어는 우스꽝스러운 일로 가볍게 넘긴 그 징후들이 무엇이었든 우리는 곧 피할 수 없는, 그리고 결코 유쾌하지 않은 현실에 직면하기 시작했다.

생산력의 시기를 거치는 동안에도 막다른 길에 다다랐다는 느낌은 전혀 들지 않았다. 우리는 앞으로 남아 있는 날들을 여전히 당연하게 받아들였다. 90세가 되자 전망이 달라졌다. 미래를 향한 시야는 좁고 불분명해졌다. 충분히 예상하며 담담하게 받아들여 왔던 죽음의 문이 그리 멀지 않은 곳에 있는 것 같았다.

에릭이 91세가 되던 해에 우리는 결혼 64주년을 맞았다. 고관절 수술을 받은 뒤 에릭은 집 안에만 머무르며 조용히 은퇴했다. 그는 우울하지도 않고 혼란스러워하지도 않았다. 다만 자신을 돌봐주는 사람들을 물끄러미 관찰하며 조용히 감사를 표할 뿐이었다. 우리는 모두 지혜롭고 품위 있게 노년기를 받아들여야 한다. 나는 이제 93세가 되었고 **천천히** 늙어 가는 데서 비롯되는 피할 수 없는 문제들을 많이 경험했다. 나는 은퇴한 후 차분하고 평온하게 지내고 있다. 사실 마지막 단계를 고쳐 쓰는 일이 너무 늦거나 힘들어지기 전에 이 일을 마치고 싶은 생각이 간절하다.

1982년에 이 책이 처음 나온 뒤에 에릭은 빨간색, 검은색, 파란색 잉크로 밑줄을 긋고 주석을 달아 가며 이 책을 거듭해서 비판적으로 읽었다. 나는 에릭이 세상을 떠나기 직전에야 그가 책에 남겨 둔 흔적들을 우연히 보게 되었다. 밑줄과 느낌표가 가득했고 새 주석이 없는 페이지가 하나도 없었다. 오직 예술가만이 그토록 대담하고 솔직할 수 있을 것이다.

늘 자신의 글을 꼼꼼하게 살핀 에릭은 이미 출판된 책의 모든 페이지에 비평을 남길 필요를 느꼈고, 나는 그가 나에게 하고 싶은 말이 무엇인지 자문하지 않을 수 없었다. 어쨌든 에릭이 남긴 꼼꼼한 주석으로 우리가 이전에 했던 생각을 수정하게 되었고 생애 주기에 대한 이해에 새로운 내용을 더할 수 있었다.

내가 생애 주기의 여덟 번째 단계를 재검토한 목적이자 그 과정에서 얻은 이점은 의미 있고 중요한 몇 가지 모순점을 명확하게 설명하는 것이었다. 말하자면 에릭과 나의 "때가 다 되었기" 때문에 여덟 번째 단계를 재검토한 것이다. 나는 "살아 있는 동안 생애 주기를 완성하려는 우리의 시도가 진정 적절하고 타당하다는 생각이 든다."*라는 에릭의 비평에 비추어 나의 견해를 썼다. 1940년대 초, 생애 주기의 덕목에 가장 적합한 단어들을 찾으면서 우리는 노년기의 온전한 성숙에 어울리는 최종적인 덕목으로 '지혜'와 '완성'을 선택했다. 처음에는 '희망'을 고려했는데, 이는 희망이 생존에 필수적이며 다른 모든 덕목에도 필요한 것이기 때문이다. 하지만 희망은 유아기부터 줄곧 필요한 요소이기 때문에 전 생애 동안 지속된다 할지라도 어느 순간 꼭 결실을 맺기를 요구하지는 않는다. 노년기의 덕목으로 지혜와 완성

* *The Life Cycle Completed*, p. 9.

을 꼽은 뒤 우리는 그렇게 선택한 근거를 제시해야 했다.

'지혜'와 '완성'이라는 말은 청동상이나 석조상으로 의인화되는 매우 고상한 말이다. 그런 덕목 또는 강점을 생각할 때 우리는 횃불을 높이 들고 하늘을 응시하는 자유의 여신상이나 두 눈을 가린 채 저울을 들고 있는 정의의 여신상, 또는 믿음, 희망, 사랑 같은 단어들을 상징하는, 도처에 세워진 인상적인 조각상들을 떠올린다. 우리는 조용히 돌, 석고, 금속으로 만들어진 그 상징물들에 찬사를 보내며 경외심을 품고 그것들을 우러러본다.

나는 '지혜'나 '완성' 같은 속성들의 현실적인 강점을 먼저 이해하지 못한다면 그러한 단어들과 노인들의 관계가 완전히 뒤틀릴 것이라고 믿는다. 그러한 덕목들은 너무나 고상하고 정의 내리기 어려운 것이 되고 말았다. 우리는 이 단어들을 현실로 끌어내려야 한다. 이 단어들에서 진정한 의미를 짜내야 한다. 예컨대 지혜는 단순한 사실과 판에 박힌 문구로 범벅된 방대한 정보로는 충분히 표현될 수 없다. 대학생용 사전에 나와 있는 정의—"지혜로운 특질이나 상태. 올바른 판단과 연결된 진정하고 옳은 것에 대한 지식. 학문적인 지식이나 학습. 지혜로운 말이나 가르침"—도 불충분하기는 마찬가지이다.

우리는 '지혜'와 '완성'의 뿌리까지, 그 근원까지 파고들어야 한다. 옥스퍼드 영어사전은 단어를 집요하게 압축해, 단어의 현실적 관련성을 우리에게 제공해준다. 사전 속 깨알 같은 활자들을 따라 얼마쯤 내려가면 '지혜'라는 빛나는 단어의 핵심 또는 흡인력 있는 기원과 만나게 된다. 그 어원은 '보다, 알다'라는 뜻의 vēda이다.

vēda라는 단어는 흔히 《베다(The Vedas)》라고 불리는 인도의 고대 경전에서 유래하는데, 이 경전에는 신성한 신화와 신비로운 신탁(神託)이 산스크리트로 기록되어 있다. 《베다》에는 통찰과 이해와 지혜를 향한 영원한 탐구가 한데 모여 있다. 승려들은 처음에는 《베다》를 그저 바라보기만 했다. 지혜와 깨달음은 바라봄으로써 전달되었다.

우리는 앞을 볼 수 없는 처지에 놓일 때까지 시력이라는 놀라운 선물을 당연하게 여긴다. 우리는 먼 과거를 돌아볼 수 있으며 그렇게 하는 것은 우리의 삶과 우리가 살고 있는 세상을 이해하는 데 도움이 된다. 우리는 미래를 내다보기도 한다. 이러한 조망은 단순히 희망적인 생각이나 꿈을 품는 데 그치지 않는다. 밝은 미래의 전망이 없다면 우리 모두는 불안으로 생기를 잃을지도 모른다. 그런데 가벼운 미국식 대화에서도 고대의 지혜를 받아들인 전형적인 표현을 들을 수 있다. "오, 알았어(I see). 이해했어."라는 말을 무심코 내뱉을 때 우리는 얼마나 현명한가. 또한 우리는 '계몽(enlightenment)', '안목(discernment)', 통찰

(insight)' 같은 단어들을 높이 평가하는데, 이 단어들은 모두 바라봄이나 시력과 관련되어 있다.

시력을 선물로 받은 사람들 중에는 시력이 없는 삶을 상상하는 것이 너무나 고통스러운 나머지 그런 상상을 회피하려는 이들이 있다. 그 선물을 받지 못한 이들은 아마도 청각, 후각, 미각, 촉각이 고도로 발달한다. 어쩌면 이러한 감각들이 명료해지고 확장되면서 시력을 갖지 못한 이들도 나름 풍요로움을 누릴지 모른다. 어쩌면 그들은 우리의 과도한 시력 의존이 실제로는 우리에게서 많은 것을 앗아간다고 생각할지도 모른다.

예민한 시력은 우리가 살고 움직이며 생계 수단을 찾고 다른 사람, 동물, 그리고 자연과 더불어 사는 법을 익히는 이 땅에 적응하게 해주고 우리를 이 세상의 일부로 통합해준다. 이를 위해 눈을 크게 뜨고 경계해야 한다. 이를 위해 우리의 귀는 모든 신호를 활용하고 그 의미를 이해할 수 있도록 준비되어 있어야 한다.

'지혜'라는 단어의 근본적인 의미에 기쁜 반응을 보이면서 나는 좀 더 깊은 의미를 발견했다. 수천 년 전 수메르어로 '귀'와 '지혜'를 가리키는 단어는 동일했던 것으로 보인다. 그 단어는 아마 'enki'였을 텐데, 수메르 사람들이 섬긴 지혜의 여신이 그 이름으로 불렸기 때문이다. "하늘 높은 곳에서 여신은 지혜를 받아들이는 자신의 귀를 땅을 향해 열었다."* 만일 지혜가 시각

뿐만 아니라 청각으로도 전달된다면 지혜를 전달하고 확장하는 역할에는 노래와 춤도 포함될 것이다. 소리는 강력한 힘으로 위로를 전하고 우리를 일깨우고 정보를 제공하고 격려를 해줄 수 있다. 소리는 그 잠재적인 힘으로 우리의 도전을 이끌어내고 우리는 지혜를 키우기 위해 청각적 인식에 의존한다.

이제 우리는 지혜가 현실 세계에 속해 있으며 우리의 감각 기관이 지혜의 세계에 접근하는 통로를 제공해준다는 사실을 안다. 냄새, 맛, 촉각에 의해 감각 기관들이 강화되고 유지되듯이 시각과 청각이라는 감각을 통해 사물과 현상을 이해한다. 모든 동물은 이러한 능력과 속성을 지니고 있다. 이 소중한 정보의 원천은 시간이 흐른다고 해서 그 기능이 저절로 좋아지지는 않는다. 오로지 기민한 정신만이 꼭 필요한 때를 대비해서 현명하게 정보를 저장할 것이다. 시각과 청각을 어디에 사용할지 알려주는 동시에 우리와 우리가 살고 있는 사회 모두에 의미가 있고 지속성이 있으며 도움이 되는 것에 우리의 능력을 집중시켜주는 것 또한 지혜의 역할이다.

우리는 지혜만큼 고귀하고 숭고하지만 훨씬 이해받지 못하는 두 번째 속성이 노인들에게 있다고 보았다. 그 속성의 의미를 마

---

* Diane Wolkstein and Samuel Noah Kramer, *Innana, Queen of Heaven and Earth*, New York: Harper & Row, 1983, pp. 155~156.

치 동상으로 세워져 불멸성을 얻은 인물의 속성인 양 숭고한 개념과 동일시하여 모호하게 하는 위험을 감수하느니 옥스퍼드 영어사전의 명쾌한 정의를 다시 한번 찾아보는 것이 현명할 것이다.

'완성(integrity)'이라는 단어에 붙은 길고 긴 설명은 놀랍게도 이 단어의 어원이 '촉각(tact)'임을 알려준다. 이 뿌리에서 '접촉(contact)', '손대지 않은(intact)', '촉각의(tactile)', '만질 수 있는(tangible)', '접합하다(tack)', '만지다(touch)' 같은 단어들이 유래한다. 웅장한 건축물을 세우고 도구를 제작하며 하늘과 땅의 신성하고 강력하고 지혜로운 계시에 응답하는 것도 모두 우리의 몸, 우리의 감각 기관을 통해 하는 일이다. 우리가 살아가고 움직이고 이 땅을 다른 사람들과 공유하는 것 역시 현실에서 하는 일이다. 접촉(contact) 없이는 성장하지 못한다. 사실 접촉이 없다면 생명 자체가 존재할 수 없다. 독립성이란 착각에 불과하다.

'완성'을 이러한 뜻으로 이해하는 것은 말하지 못하고 움직이지도 못하는 모든 동상에 생명을 불어넣어준다. 만일 우리가 '완성'을 단순히 현수막으로 내걸거나 적절한 상황에서 떠받드는 고상한 이상으로만 여긴다면 그것은 매우 부당한 일이 될 것이다. '완성'은 이 세상과 온갖 사물들, 특히 사람들과의 접촉을 증진시키는 기능을 한다. 완성은 구체적이고 현실적인 삶의 방식이며 우리가 추구하고 성취해야 할 고결한 목표이다. "그 사람의 작품은 완벽하다."라는 표현은 최고의 찬사라 할 수 있는데 이는 그 작품이 일관된 조화의 힘을 보여주기 때문이다. 완성은 단단하고 믿음직스러우며 결코 가볍지 않다. 완성은 시각과 청각 그리고 우리의 모든 감각을 아우르는 솜씨를 확실히 보여준다.

완성은 놀라울 정도로 까다로운 단어이다. 그것은 대단한 생각이나 행동이 아니라 크고 작은 일상의 활동을 관리하고 하루를 잘 살아내는 데 필요한 사소한 일들에 굳건하게 주의를 기울일 것을 요구한다. 완성은 너무나 단순하고 너무나 직접적이다. 그래서 너무나 **어렵다**.

이제 우리는 '완성'이라는 단어의 함축적 의미를 더 잘 이해하게 되었다. 그렇다면 생애 주기의 여덟 번째 단계에 있는 사람들에게 '완성'이 제공하는 것은 무엇일까? 완성은 예전에는 밤하늘의 별처럼 빛나는 미덕이었지만 지금은 우리의 일상과 세속적인 삶에 매우 가까이 있는 요소가 되었다. 완성은 우리의 존재를 현실 세계로 이어주며 빛, 소리, 냄새 그리고 모든 살아 있는 존재와 접촉하게 해준다. 모든 사람과 모든 사물이 그 어느 때보다 중요해졌다. 모든 만남은 특별한 의미를 띠고 풍요로움을 제공해주거나 예상치 못한 가치 있는 목표를 지향하게 해준다.

'완성'과 '지혜'라는 단어의 옛 의미를 새롭게 검토하면서 행동이나 관점에 대한 오랜 비판을 떠안아야 하는 짐스럽고 다소 막연한 책임에서 해방되었다. 이 새로운 해석이 노년기에 제공하는 가능성을 받아들인다는 것은 즐겁고 행복했던 과거의 추억을 펼쳐놓는 것을 뜻한다. 사랑, 헌신, 우정이 되살아나고 슬픔은 아프게 짙어지고 사람들과 맺었던 관계의 아름다움은 마음을 따뜻하게 해준다. 과거의 기억은 기분 좋게 또렷하고 현재는 자연스러우며 작은 기쁨과 큰 즐거움과 많은 웃음으로 가득 채워진다.

처음에는 '지혜'와 '완성'이 나이 든 이들에게 부담스러운 도전으로 보였지만 이제는 그 단어들이 명확하게 이해되면서 본래의 적절함을 회복했다. 우리가 갖춰야 할 것은 모든 관계에서 촉각과 시각을 가지고 살아가는 데 필요한 생기와 깨어 있음이다. 우리는 적응의 과정에 참여해야 한다. 기지와 지혜를 모두 동원해서 정신적, 신체적 능력 저하를 가볍고 유쾌하게 받아들여야 한다. 우리 모두는 젊은 날의 능력을 당연한 것으로 받아들였고 그것을 충분히 누렸다. 이제는 기지와 진정한 이해로 젊은 날의 자신에게 박수를 보내자. 청각과 시각이라는 특권을 가지고 이제는 계속해서 바라보고 들어야 한다.

노년기는 우리가 새로운 우아함으로 깨어 있음과 창의성을 유지하고 과거의 모든 경험을 모아 그 경험에 의지하기를 요구한다. 많은 노인들에게는 꺾이지 않는 그 무엇이 있다. 에릭은 그것을 '변치 않는 핵심', 즉 과거, 현재, 미래가 통합된 '실존적 정체성(essential identity)'이라고 불렀다. 이 정체성은 자기(self)를 초월하며 세대 간의 연결을 강조한다. 이 정체성은 인간의 조건을 받아들인다는 점에서 보편적이다. 인간의 조건에는 우리 자신과 이 세상에 대한 지혜가 부족하다는 점도 포함된다. 우리는 스스로 아는 것이 얼마나 적은지 깨달아야 한다. 어쩌면 우리는 기꺼이 열린 마음으로 살고 사랑하며 배우는 '어린 아이가 되는' 길을 선택해야 할지도 모른다. 이 말에 담긴 의미는 무엇일까? 그동안의 삶은 풍요로웠다. 의심이 없는 아이처럼 이 사실을 더욱 굳건히 믿어야 한다는 뜻이다. 편안한 마음으로 남의 눈을 의식하지 말고 쾌활해져라. 친구들을 만나면 마음껏 즐기고 웃어라!

우리는 생애 주기에 포함된 다른 모든 덕목과 마찬가지로 지혜와 완성 역시 역동적이며 평생에 걸쳐 발달하는 과정이라고 믿는다. 감히 널리 전파되고 끝이 없고 어쩌면 영원하기를 바라도 될지 모르겠으나 이 두 가지 덕목은 확실히 진행 중이다.

| 초판 서문 |

이 책은 미국 국립정신건강연구소(National Institute of Mental Health)가 세 권의 책으로 펴낸 《생애 과정, 성격 발달을 이해하기 위한 정신분석의 공헌(The Course of Life, Psychoanalytic Contributions Toward Understanding Personality Development)》에 그들의 요청으로 내가 기고한 논문을 토대로 한 것이다. 편집자 S. I. 그린스펀과 G. H. 폴록의 요청으로 나의 논문은 앞쪽의 두 장(章) 가운데 두 번째 장에 실렸다.(1980년) 첫 번째 장은 안나 프로이트가 썼는데, 10페이지의 길지 않은 분량—내가 쓴 50페이지에 비해—으로 매우 명료한 글이다. 그녀의 서론은 '(정상적 그리고 비정상적) 정신 성장에 관한 연구로서 아동 분석(Child Analysis as the Study of Mental Growth (Normal and Abnormal))'이라는 제목으로, 빈, 베를린, 런던에서 수행한 독자적인 아동

분석 연구 내용으로 시작된다. 서론에는 안나 프로이트와 햄프스테드 클리닉의 의료진이 고안한 개념적 도식인 **발달 경로**(developmental lines)의 기능을 요약하는 대목이 있다.(A. Freud, 1963년) 이 '경로'는 유아의 미발달 상태에서부터 신뢰할 만한(그러나 여전히 갈등이 일어나는) '평범한 성인'에게서 예상되는 행동 범주까지 이어진다. 그 예로 '리비도의 의존에서 자기 신뢰까지', '자기 중심성에서 또래 관계까지', '놀이에서 노동까지' 등을 들 수 있다. 물론 하나의 개념으로서 이 발달 도식은 **심리성적 발달**(psychosexual development)과 자아(ego)에 관한 정신분석의 두 가지 기본 이론에 토대를 두고 있다.

나의 기고 논문은 심리사회적(psychosocial) 발달 이론의 정신분석학적 '요소들'의 윤곽을 보여주고자 했다. 나도 글의 서두에서 빈에서 정신분석 훈련을 받던 시기와 미국에 건너온 초기에 한때 '외부 세계'*라고 불리던 것을 정신분석학적 사고가 점진적으로 흡수한 과정을 되짚었다. 이어서 심리성적 접근법과 심리사회적 접근법의 상보성과 그 둘의 자아 개념의 관계를 강조하면서 생애 주기에 부합하는 단계들을 검토해 나갔다.

일생 동안, 그리고 충분한 데이터가 있는 다양한 상황에서 발

외부 세계(the outerworld) 자아가 대응하는 대상으로서의 현실.(옮긴이)

전시켜 온 이론적 연구를 다시 자세히 설명한다는 것이 저자나 독자 모두에게 무익한 일로 비칠 수도 있겠다. 그러나 나는 국립정신건강연구소의 초청이 지닌 역사적 중요성에 비추어 새로운 설명이 필요할 수도 있겠다는 생각을 하게 되었다. 왜냐하면 정신분석 이론의 외연 확장이 1930~1940년대에 미국에서 시작될 수도 있었기 때문이다. 이 때는 점증하는 세계적 혼란이라는 상황에 맞서 학제 간 집중적인 토론은 물론이고 의료 기관에서도 정신분석이 환영받던 시기였다. 이때의 토론은 후일 조앤 에릭슨과 함께 〈'건강한 인격'의 성장과 위기〉(1950년)라는 논문을 제출한 '아동과 청년에 관한 세기 중반 백악관 회의' 중심 주제의 토대가 되기도 했다.

나는 국립정신건강연구소에 기고한 글을 책으로 다시 펴내면서 필요한 부분의 분량을 늘리기로 했다. 그리고 생애 단계의 검토와 관련해서 주요한 변화가 (다시 한번!) 있었는데, 바로 생애 단계의 제시 순서를 바꾸는 것이었다. 이미 국립정신건강연구소에 기고한 논문에서 나는 관례와 달리 심리사회적 단계의 목록을 유년기가 아닌 **성인기**부터 시작하는 쪽을 택했다. 이는 모든 단계를 하나로 엮는 데 성공한 사람이라면 어느 단계에서든 출발할 수 있어야 하고 발달 단계의 지도상 어느 단계에도 의미 있게 도달할 수 있어야 한다는 생각에서 비롯되었다. 아울러 성인기는 개인의 생애 주기와 세대의 순환을 잇는 고리이기도 하다. 여기서 한 걸음 더 나아가 이 글에서는 **완성된** 생애 주기를 재검토함으로써 전체 생애 과정을 얼마나 많이 이해할 수 있는지 살피기 위해 발달 단계의 설명을 마지막 단계인 **노년기**에서 시작하기로 했다.

하지만 우리가 어디에서 시작하든 심리사회적 이론화 과정에서 생애 단계의 중심적 역할은 **역사적 상대성**이라는 주제로 우리를 더욱 깊숙이 안내할 것이다. 늘어 가는 노인 인구 대다수가 엘리트 **원로들**이기보다 평범한 **노인들**임이 밝혀진 (그리고 그들 스스로 발견한) 시점에 노년기가 새롭게 정의되어야 했기 때문에, 20세기의 마지막 몇십 년을 돌아봄으로써 노년기가 이론적으로나 역사적으로 최근에야 '발견'되었다는 사실이 분명해진다. 그런데 그에 앞서 우리는 **성인기**가 그 자체로 발달 단계이자 갈등 단계임을 인정하게 되었다.(Benedek, 1959년) **그 이전에** (그리고 1960년대 일부 청년들의 행위에 공공연하게 반영된 국가적 정체성 위기의 시기에) 우리는 청소년의 정체성 위기를 생애 주기에서 발전적 원동력의 핵심으로 주목한 바 있다.(Erikson, 1959년) 아울러 앞에서 언급했듯이 아동의 '건강한 인격'과 20세기 들어 발견된 유년기의 모든 단계들은 20세기 중반에 이르러서야 비로소 체계적으로 국가적 관심의 중심에 놓이게 되었다.

독자들은 각자의 생애사적 시기와 장소에서 이 책을 읽으며 생애 주기를 '완성'하려는 우리의 노력을 검토하고 싶을지 모른다. 나는 이 책의 제목이 완벽한 삶에 대한 포괄적인 설명으로 여겨지지 않을 만큼 충분히 역설적으로 들리기를 희망한다. 왜냐하면 이 제목에는, 삶을 하나의 주기라고 볼 때 거기에 이미 일종의 자기 완성이 포함되어 있다는 사실을 보여주려는 의도만 있기 때문이다. 하지만 특정한 시기에 어떻게 이러한 자기 완성을 이뤄낼 수 있는지는 한 개인이 자신의 삶에서 이론상 어느 단계에 있으며, 우리와 우리의 동시대인들에게 삶의 다양한 시기가 어떤 의미를 띠느냐에 따라 달라진다. 오늘날 우리가 사용하는 일부 용어와 개념들이 과거의 특정 시기 또는 특정 시대에 너무 고착되어 있는 것으로 보이는가? 시대의 변화에 따라 우리의 용어들이 다르게 제시된다면 그 용어들은 본래의 의미를 유지하며 시대별로 달라지는 의미를 온전히 전달할 수 있을까?

암시적이면서도 매우 정연한 복잡성을 지닌 채 우리의 머릿속에 '떠오른' 당시의 용어들—그 복잡성 때문에 처음부터 줄곧 오해를 불러일으켜 온—을 나는 여기에서 다시 사용할 것이다. 그 용어들을 다시 사용함으로써 일부 독자들은 이런저런—다소 긴—구절들을 '어디선가' 읽은 것 같다는 느낌을 받게 될 것이다. 나는 이미 설명이 잘 되어 있는 내용을 구태여 고쳐서 말하는 것은 무의미하다고 생각했기 때문에 실제로 독자들은 이전에 읽어본 구절들을 이 책의 여러 대목에서 발견할 것이다.

감사의 글은 공교롭게도 10년 단위로 묶어서 전할 수 있을 것 같다. 정신분석 치료와 이를 의과대학에서 적용하는 일에 참여하는 특권을 누리며 그 과정에서 관련을 맺은 연구 기관들을 열거하는 것은 그동안 내가 동료들에게 배운 것들을 가장 잘 보여주는 방법이 될 것이다. 나는 1930년대에는 하버드대 심리 클리닉(Harvard Psychological Clinic)과 예일대 인간 관계 연구소(Yale Institute of Human Relations)에서, 1940년대에는 가이던스 연구*에 참여하며 UC 버클리 인간 발달 연구소(Institute of Human Development)에서, 1950년대에는 버크셔의 오스틴 리그스 센터(Austen Riggs Center)에서 연구 활동을 했다. 이 모든 기관들은 내가 특정 연령대 집단을 대상으로 하는 임상 또는 발달 연구에 참여하는 것을 허락해주었다. 1960년대에는 하버드대학에서 '인간의 생애 주기'를 강의하며 역사는 물론이고 인간의 삶에 큰 관심을 지닌 많은 학생들과 인간 발달 이론을 공유할 수 있었다.

오랜 시간 특별한 지원과 도움을 준 이들의 이름은 본문에서 언급할 것이다. 그들의 (그리고 거명하지 않은 다른 이들의) 기여를

버클리 가이던스 연구(Berkeley Guidance Study) 캘리포니아 버클리에서 1928년에 태어난 아동 248명을 대상으로 1946년까지 진행한 종단 연구.(옮긴이)

'충분히' 평가하는 것은 아마 불가능할 것이다.* 내가 쓴 다른 모든 서문과 마찬가지로 조앤 에릭슨에게 보내는 감사의 말로 이 글을 마칠까 한다. '아동과 청년에 관한 세기 중반 백악관 회의'에 제출할 논문을 함께 준비하면서 조앤이 해준 편집상의 조언은 나의 논문이 더 잘 읽히도록 만드는 데 큰 역할을 했다. 또한 이 책이 다룬 생애 주기의 전체적인 이미지를 더욱 생생하게 만들어주었다.(J. Erikson, 1950년, 1976년)

---

* 이 연구 논문은 펜실베이니아 피츠버그의 모리스 포크 의학 기금(Maurice Falk Medical Fund)으로부터 연구비 일부를 지원받아 집필되었다.

1장

정신분석과 '외부 세계'

정신분석학의 맥락에서 '심리사회적(psychosocial)'이라는 용어와 개념은 분명히 우위를 점한 심리성적(psychosexual) 이론을 보완하기 위한 것이다. 그러한 노력이 어떻게 시작되었는지 기록하기 위해 나는 먼저 빈에서 정신분석 훈련을 받던 시절, 자아심리학이 부상하던 그 시기로 돌아가 자아와 사회적 환경의 관계에 대한 개념이 어떻게 변화하고 있었는지를 간략하게 짚어봐야 한다. 자아를 다룬 두 권의 중요한 저작인 안나 프로이트의 《자아와 방어 기제(Ego Psychology and the Mechanisms of Defence)》와 H. 하르트만(H. Hartmann)의 《자아심리학과 적응의 문제(The Ego Psychology and the Problem of its Adaptation)》는 각각 1936년과 1939년에 출간되었다. 이 두 저작의 토대가 된 관찰과 결론은 내가 정신분석을 공부하고 미국에 건너온 1933년 이전의 논의들에서 우위를 차지하고 있었다. 이후 자아의 방어적 기능과 적응적 기능은 정신분석 이론에서 확고한 영역이 되었다. 이 두 기능의 기원을 언급하는 목적은 다음과 같은 것을 보여주려는 데 있다. 즉, 당시의 나 같은 젊은 연구자에게 정신분석 이론이 전반적으로 어떻게 작동하는 것으로 비쳤는지, 그리고 그 이론이 어떻게 **개인성**과 **공동체성**에 대한 자아의 역할에 주목하는 데까지 이르지 못하는 것으로 비쳤는지를 보여주려는 것이다.

당시를 회상할 때 매우 흥미로우면서도 어떤 분야의 발전을 나타내는 이론적 논쟁의 양상이 잘 드러났던 점은 안나 프로이트와 하르트만의 새로운 이론의 근본적인 불협화음이었다. 안나 프로이트는 1936년 빈 정신분석학회에서 자아의 방어적 기능에 대한 자신의 결론을 발표하면서 이렇게 털어놓았다. "대체적으로 하르트만은 그의 통찰력을 입증해 보였습니다. 그는 이드(Id)에 대한 자아의 투쟁이 전부가 아니며, 자아의 성장과 기능에는 우리가 고려해야 할 다른 부가적인 문제들이 있다고 강조했습니다. 당시만 해도 저의 시야는 제한되어 있었고 저는 하르트만의 새로운 견해를 수용할 준비가 되어 있지 않았습니다." 안나 프로이트는 계속해서 자신의 견해가 "본능적 욕동에 대항하는 자아의 방어적 측면에서 왔다면, 좀 더 혁명적인 하르트만의 견해는 당시만 해도 정신분석의 영역 밖에 있던 자아의 자율성이라는 새로운 관점에서" 비롯되었다고 말한다.(Loewenstein 외, 1966년)

'혁명적'이라는 규정뿐 아니라 '정신분석의 영역 밖'이라는 문구는 정신분석 이론의 발달 과정에서 각기 다른 시대가 어떤 영역을 선택했는지를 보여준다. 이를 올바로 이해하려면 정신분석 이론의 발전과 그에 상응하는 용어들이 과학적으로는 물론이고 이념적으로 어떤 의미를 지니고 있는지 살펴보아야 한다. 사실 이러한 고려는 자연과학 이론을 인간에게 적용하는 모든 경우에 필요하다. 물론 지크문트 프로이트의 입장은 원래 **욕동***에 초점이 맞춰져 있었지만, 중부 유럽에서 정신분석을 훈련받은 나의 세대는 Trieb라는 핵심적인 독일어 용어가 인간을 혼란스럽게 하는 동시에 고귀하게 만드는 힘으로서 수많은 자연철학적 의미를 지니고 있었음을 기억할 것이다. 그런데 이 단어가 'instinct' 또는 'drive'로 번역되면서 (좋은 쪽으로든 나쁜 쪽으로든) 본래의 의미를 잃고 말았다. 독일의 시인은 **Die suessen Triebe**, '달콤한

욕동(drive) 프로이트는 입술, 항문, 성기 같은 특정 신체기관에 존재하는 본능이 뇌에 전달되어 심리적 에너지로 바뀐 것을 'Trieb'로 정의했는데, 에릭슨은 이를 'drive'로 옮겼으며 'instinct'는 일반적으로 생물학적 본능에 더 가까운 개념으로 이해되고 있다.(옮긴이)

욕망'을 노래할 수 있겠지만 엄격한 심리학자라면 '동등한 권위의 힘'(Jones, 1953년)을 찾는 과학적 연구에 합당한 책무를 이야기할 것이다. '동등한 권위의 힘'이란 기존의 자연과학이 실험과 측정을 통해 획득한 권위의 힘과 동등한 그런 힘을 말한다. 프로이트가 "오늘날 우리가 심리학에서 사용하는 잠정적인 개념들은 언젠가는 통합된 하부 구조에 토대를 두게 될 것"(1914년)이라고 말했을 때, 그는 포괄적인 성격을 지니면서도 여전히 근거가 부족한 개념으로 여겨지던 **본능에서 비롯된 에너지***가 신뢰할 만한 실험을 거쳐 입증되기를 기다리겠다고 분명히 밝힌 셈이다. 측정 가능한 리비도의 흔적을 일부 신체 표면의 긴장도에서 찾으려고 한 빌헬름 라이히(Wilhelm Reich)의 '유물론적'인 시도에 프로이트가 반대한 것도 그 때문임을 우리는 알고 있었다.

프로이트의 연구는 다윈이 종의 진화론적 기원을 탐구한 19세기 말에 시작되었다. (중세의 기독교적 세계관과 다른) 새로운 인본주의 정신에 의해, 문명의 성숙함으로 여겨진 의식(意識)과 도덕적 발달을 무척 자랑스럽게 여기던 인류는 그들의 조상이 동물이며 그들의 뿌리가 태고의 원시 시대와 개체 발생(ontogeny)

본능에서 비롯된 에너지(instinctual energy) 에릭슨은 '본능적인(instinctive)' 것과 '본능에서 비롯된(instinctual)' 것을 구분해서 설명했는데, 전자가 환경에 적응하는 타고난 능력을 가리킨다면 후자는 환경의 적응과 상관없는 충동의 특질을 강조한다.(옮긴이)

의 초기 단계에 있다는 사실을 받아들여야 했다. 당시 이 모든 상황이 엄격한 과학적 증거에 대한 기대보다는 관습적 확신을 보여주는 '본능적 에너지'라는 용어에 담겨 있었다. 그런데 이윽고 그 강력한 사고의 틀이 전혀 예상치 못한 통찰을 열어주었다. 하지만 (최근에 출판된 프로이트와 융의 서간집에서 다시 한번 분명히 확인되듯) 프로이트는 자신이 '이드'라고 부른 인간의 무의식적, 본능적 중심부—내면에 있는 외부 세계라 할 만한—를 주의 깊게 조사할 필요가 있다고 확신했으나 '저급한' 본성에 대한 통찰을 완강하게 거부하며 그러한 통찰을 '더 높은' 것에 대한 재신화화로 무력화하려는 인간의 경향에 맞설 필요까지는 없다고 생각했다. 이에 따라 탐구 대상인 불안정한 내면과 달리 당대의 사회 현실은 당연하게도 '외부 세계' 또는 '외적 현실'로 불리며 관심의 영역 밖에 놓이게 되었다. 이렇게 해서 프로이트가 '경계의 존재'라고 부른 우리의 자랑스러운 자아는 "세 주인을 섬기게 되었고 결과적으로 세 가지 위협—외부 세계(external world), 이드의 리비도, 초자아의 엄격함으로부터—을 받게 되었다."(S. Freud, 1923년)

자아와 집단 생활의 관계를 처음 논의할 때, 프로이트(1921년)는 '인위적인' 집단, 즉 군중, 대중 또는 그가 '원초적'이고 '원시적' 집단이라고 부른 무리의 형성을 자세히 설명한 당대의 (귀스

타브 르봉Gustave Le Bon이나 윌리엄 맥두걸William Mcdougal 같은) 학자들과 토론을 했다. 그는 "단일한 심리 집단의 특질을 **획득**한 사람들의 무리에 **편입**된 성인인 개인들"에 초점을 맞추었다.(볼드체는 저자 강조) 예언적으로 프로이트는 그러한 집단이 어떻게 "인간으로 하여금 자신의 무의식적 충동에 대한 억압을 벗어던지게 만드는지" 곰곰이 생각했다. 당시 프로이트는 개인이 "원초적 집단 밖에서 지니고 있던 것", 즉 "**자신의 연속성, 자의식, 전통, 관습 그리고 자신만의 독특한 역할과 지위**"를 어떻게 획득했는지에 대해 근본적인 질문을 던지지는 않았다. (교회나 군대 같은) '인위적인' 집단을 분석할 때 프로이트의 주요 목표는 그러한 집단들이 '사랑의 본능'에 의해 결속됨을 보여주는 것이었다. 그 본능은 사회적 애착을 형성하기 위해 생물학적 목표로부터 변환된 것인데, "그렇다고 해서 에너지가 줄어든 상태로 작용하지는 않는다." 심리사회적 발달이라는 맥락에서 이 마지막 가설은 우리의 흥미를 불러일으킨다. 과연 "사랑이 …… 성적인 목표에서 **사회적인** 목표로 변환될 수" 있다는—그것도 약화되지 않은 채로—가설의 근거는 무엇인가?

안나 프로이트는 자아의 방어 수단을 요약한 글에서 사회적 작용이라는, 실재한다고 인정할 만한 힘을 다시 한번 '외부 세계(outside world)'로 밀어냈다. "방어 수단으로 불안의 발생을 억제함으로써 본능의 변환이 가능해질 때 자아는 목표를 달성하며 여기에서 어느 정도 만족감을 확보한다. 이로 인해 자아는 이드와 초자아 그리고 외부 세계의 힘 사이에서 가능한 가장 조화로운 관계를 맺게 된다."(A. Freud, 1936년) 이러한 경향은 안나 프로이트의 후기 저작에서 "의존적이고 비합리적이며 이드와 대상에 집착하는 아동이 내적, 외적 세계에 대해 점점 지배력을 키우는 자아를 향해 어떤 태도를 보이는지 …… 모든 경우에 걸쳐 추적하는"(A. Freud, 1965년) **발달 경로**를 설명할 때에도 이어진다. 그런데 "개인의 발달 과정에서 특별한 승격을 결정하는 것이 무엇인지" 질문하면서, 안나 프로이트는 "우리는 우연한 환경적 영향을 고려해야 한다. 12세 이상의 아동에 대한 정신분석과 성인의 정신분석을 재구성한 자료에서 우리는 그러한 환경적 영향이 부모의 성격, 행동, 이상(理想), 가정의 분위기와 문화적 배경에 전반적으로 반영되어 있음을 발견했다."라고 말했다. 여기에서 어떤 환경적 영향이 '우연한' 것인지는 여전히 의문으로 남는다.

이에 반해 하르트만은, 인간의 자아는 단순히 이드에 대항하도록 진화한 방어물이 아니며 독자적인 뿌리가 있다고 주장했다. 실제로 그는 운동 능력, 지각 능력, 기억력 같은 인간 정신의 전형적 기능을 '근본적 자율성을 지닌 자아의 도구'라고 불렀다.

또한 이 모든 능력의 발달을 자신이 '예측 가능한 일반 환경'이라고 부른 것에 대한 적응성의 상태로 여겼다. 데이비드 래퍼포트(David Rapaport)가 말했듯이, "이러한 개념들을 통해 하르트만은 정신분석의 개념과 적응 이론의 토대를 마련했고, 정신분석학적 자아심리학에서 **현실 관계**(reality relations)에 관한 개괄적 이론을 최초로 정리했다."(Rapaport, 에릭슨의 논문에서 인용, 1959년) 하지만 래퍼포트는, 하르트만이 "구체적이고 차별화된 심리사회학 이론을 제공하지는 못했다."라고 덧붙였다. 사실 '예측 가능한 일반 환경'은 생존을 가능케 하는 최소한의 조건을 가정할 뿐, 극적인 갈등과 더불어 개인적으로나 사회적으로 생명력의 원천이 되는 사회생활의 막대한 변화들과 복잡성은 간과한 것으로 보인다. 실제로 하르트만의 글에는 이후에도 '현실에 대한 행동'과 '현실에 대응하는 행위'(1947년) 그리고 '외부 세계에서의 행동'(1956년) 같은 용어들이 사용되었지만, 학문 분야에서 새로 싹트는 조짐들을 짤막하게 인용한 데 지나지 않았다.

빈에서 정신분석을 훈련받던 초기에, 특히 임상 세미나, 안나 프로이트의 '아동 세미나(Kinderseminar)'에서 나는 '외부 세계'에 대한 반복적인 언급과 정신분석 이론의 기계론적이고 물리학적인 용어에 혼란을 느꼈지만 내적 문제는 물론 사회적 문제에 새롭게 접근하고 정신분석 훈련의 본질을 특징적으로 보여주는 정신으로 인해 세미나는 활기를 띠었다. 프로이트는 로맹 롤랑(Romain Rolland)에게 보낸 편지에 "우리의 타고난 본능과 우리를 둘러싼 세계의 본질상, 나는 인류의 생존에 필요한 것은 과학기술 같은 것이 아닌 사랑이라고 생각합니다."(1926년)라고 적었다. 실제로 우리 학생들은 임상 토론을 통해, 그리고 원칙적으로 모든 인간은 동일한 갈등에 노출되어 있다는 점에서는 동등하다는 사실을 인정함으로써 사랑(caritas)의 현대적 형태를 경험할 수 있었다. 우리는 정신분석 '기법'이 인류 보편의 갈등들에 대한 정신분석가의 통찰을 요구한다는 사실도 인정했다. 정신분석가가 그런 갈등들을 자기 삶에서 주어진 치료 상황으로 옮겨놓는 것은 불가피할 뿐만 아니라 또한 유용한 것이기도 하다.

어쨌든 나는 이와 같은 개념과 용어를 사용해서 내가 빈에서 배우고 이해한 새로운 개념들의 핵심을 설명해 왔다. 이 때문에 사례에 대한 포괄적이고 집중적인 제시와 논의가 이론적 담론의 틀을 제공한 전문 용어의 본래 의미와 정반대로 보이는 경우도 있었다. **임상적** 언어와 **이론적** 언어는 인간의 동기에 대해 두 가지의 다른 태도를 보여주는 것 같지만 우리의 정신분석 훈련 경험 속에서 그 두 가지는 상호 보완적이었다.

그뿐만 아니라 성인 치료가 유년기의 명확하고 가장 결정적인 단계들을 자세히 묘사하는 한편 이후 전체 생애 주기의 연구 형태를 결정하는 발달론의 전제로 자리 잡으면서, 아동에 대한 직접적인 정신분석학적 관찰과 치료는 그 방향이 이미 강력하게 제시된 것이나 다름없었다. 그러한 연구 결과를 논의하면서 정신분석학의 **발달론적 성격**(developmental ethos)이 분명해졌는데, 이는 병력(病歷)에 대한 정신분석학적 가설을 확인해주는 증상을 아이들이 뚜렷하게 보여주었기 때문이다. 아이들은 놀이와, 속마음을 드러내는 표현의 직접성에서 성인 환자들보다 증상을 훨씬 분명하게 보여주었다. 이 과정에서 아이들은 극심한 갈등은 물론이고 경험과 종합*을 위한 지략과 창의적 노력을 보여주었다. 과학적 이론의 환원주의적 언어가 뒤로 밀려나고 환자와 중요 인물이 맺는 상호 관계에 대한 세부적 묘사가 전면에 등장한 것은 바로 '진보적인 교육'에 참여하는 정신분석학자들이 모여 어린 환자들의 사례를 토론한 이 아동 세미나에서였다. 여기에서는 한 개인의 욕동과 방어의 내적 '경제학' 대신, 가족을 포함한 공동체 안의 상호 활성화의 **생태학**이 미래의 연구 주제로 제시되었다. 청소년들을 주로 관찰한 지크프리트 베른펠트(Siegfried Bernfeld)와 아우구스트 아이히호른(August Aichhorn)의 발표가 특히 그러한 주제에 부합했다. 지크프리트 베른펠트

종합(synthesis) 전체로서의 인격을 창출하는 특성, 태도, 충동의 통합.(옮긴이)

는 세미나의 훌륭한 초청 연사였고 아우구스트 아이히호른은 비행 청소년들의 마음을 잘 읽는 겸손한 토론자였다.

나는 이론적 접근법과 우리가 훈련받은 정신분석의 특징인 임상적 접근법의 기본적인 차이가, 에너지 경제학*에 집착한 지난 세기와 상보성과 상대성을 중시하는 금세기의 차이와 다르지 않다고 생각한다. 무슨 일을 하고 있는지 정확히 알지도 못한 채 나는 내가 쓴 첫 책 《유년기와 사회》의 첫 장(章)에 '사례 연구의 타당성과 연관성'이라는 제목을 붙였다. 그 글에서 어떤 말을 했고 그러한 사고가 얼마나 추론적이었든, 나는 정신분석의 임상적 접근 방법이 복합적 연관성—바라건대 이 책을 통해 명확하게 설명될—을 인정하는 데서 출발했다는 생각을 하게 되었다.

그런데 빈에서 정신분석 훈련을 받는 동안 나는 임상적 접근법이나 이론적 접근법으로 분류할 수 없는 제3의 요소가 있음을 발견했다. 그것은 형식과 의미의 상호 작용에 대한 '형태적 관심'이 주는 미적인 쾌감(나는 이를 심미적이라고 부를 수밖에 없다)이었고, 이는 특히 프로이트의 《꿈의 해석》이 그 모델이었다. 상호 작용의 형태에 대한 관심은 아이들의 놀이행동 관찰로 쉽게 옮겨갔으며 아이들의 행동이 부정하고 왜곡하는 것에 대한 동일

* 프로이트는 당대의 경제학 원리를 모델로 성적 에너지, 즉 리비도의 축적과 분배, 방출을 설명했는데 이를 흔히 '리비도의 경제학'이라 한다.(옮긴이)

한 관심으로 이어졌다. 이 과정에서 아이들의 외적으로 드러난 표현에 담긴 작위성은 상징적이고 의례적일 뿐만 아니라 실제로 의식(儀式)의 경향을 지닌 행동을 이해하게 해주었다. 이 과정이 없었다면, 당시 언어적 의사소통보다 시각적 의사소통 훈련을 받은 나는 그토록 방대한 데이터에 '자연스럽게' 접근할 방법을 찾을 수 없었을 것이다. 〔어쨌든 빈에서 내가 쓴 첫 논문은 아이들의 그림책을 다룬 것(1931년)이었으며, 후일 미국에서 처음 발표한 논문은 〈놀이의 형태(Configurations in Play)〉(1937년)에 관한 것이었다.〕 나는 이 모든 것을 여기에서 다시 이야기할 것이다. 이 모든 요소가 나에게는 정신분석의 학술적 기초로 남아 있으며 그것은 실험이나 통계적 연구—그 자체로 시사점과 설득력이 얼마나 있든—에 의한 '증거'로 대체될 수 없기 때문이다.

이제 나는 우리가 내면의 삶을 관찰하는 법을 배운 그 시기에 세계가 역사상 가장 파멸적인 시대로 접어들고 있었으며, '내적 세계'와 '외부 세계'의 관념론적 분리가 어쩌면 유대-기독교 문명에 뿌리박고 있는 개인주의적 계몽과 민족 국가를 향한 전체주의적 숭배 사이에서 일어난 위험한 균열을 이미 내포하고 있었는지도 모른다는 사실을 언급해야 할 것 같다. 이러한 현실은 당시 이 분야의 연구에 참여하고 있던 여러 사람*의 목숨을 위협하기까지 했다. 하지만 시대를 초월한 치유와 계몽의 방법론적 추구가 오히려 더 절실하게 필요하기라도 한 것처럼 그들의 노력은 (인용되는 출판물의 발행 연도가 말해주듯이) 더욱 왕성해졌다.

그동안 미국에서는 나처럼 젊은 정신분석학자들이 자아심리학이 발달한 빈에서 제기된 사회 탐구 문제에 대해 신중하고 분명한 조언을 즉각적이고도 지속적으로 얻을 수 있었다. 우리는 다른 학문 분야와의 공동 연구에 적극적으로 참여했으며 새로운 '학파'는 물론이고 새로 설립된 정신분석학 연구 기관들과 개척자 정신을 공유했다. 정신의료 사회사업*이 확대되면서 하버드대학에는 우호적인 의료 환경이 조성되어 있었다. 그곳에서는 헨리 A. 머리(Henry A. Murray)가 병력 대신 환자의 생애 전체를 연구하고 있었고, 다양한 학문 분야의 공동 연구가 (로런스 K. 프랭크Lawrence K. Frank와 마거릿 미드Margaret Mead를 비롯한 여러 학자들의 광범위한 영향 아래) 의학과 사회 연구를 가로막고 있던 문을 열고 있었다. 그리고 이와 같은 중요 관심사의 교환이 상호 보완적이라는 사실이 드러났다. 빈에서 《자아와 방어 기제》(A. Freud, 1936년)가 출간된 그해, 나는 인류학자 스커더 메킬(Scudder Mekeel)과 함께 사우스다코타주 파인 리지(Pine

---

* 프로이트와 에릭슨을 포함한 당대의 많은 정신분석학자들이 유대인이었다.(옮긴이)

정신의료 사회사업(psychiatric social work) 정신과 의사가 근무하는 병원, 보건소, 각종 상담 기관이 시행하는 사회사업.(옮긴이)

Ridge)의 수(Sioux)족 원주민 보호 구역에서 정신분석과 심리사회학 이론 확립에 필요한 관찰 연구를 하는 특권을 누렸다. 원주민과 대화를 하며 가장 놀란 점은 전통적인 자녀 양육 방식에 대해 그들이 말하는 원리와, 같은 데이터를 놓고 우리가 정신분석학적 추론을 통해 얻은 결론이 상호 수렴했다는 사실이다. 이 두 가지는 서로 관련되어 있었으며 상호 의존적이었다. 우리는 그러한 공동체에서 훈련이란, 경험 — 우리가 집단적 에토스라고 부른 — 의 기본적인 조직화가 유아의 초기 신체 경험에 그리고 이를 통해 자아의 발달에 전이되는 방식이라고 결론을 내렸다.

대평원에서 버펄로를 사냥하며 살던 이 부족과 캘리포니아에서 물고기를 잡던 부족*의 전통적인 아동 훈련 방법을 재구성함으로써 우리는 르네 아르파드 스피츠(René Árpád Spitz)가 말한, 발달을 위한 아동의 준비 상태와 공동체 — "인간 고유의 적응을 낳는 원천이자 기원인"(Spitz, 1963년, 174쪽) — 의 모성적 양육 방식 간의 '대화'를 이해하는 실마리를 찾았다. 우리는 또한 개인 생애 주기의 내적 경제뿐만 아니라 변화하는 **기술적·역사적** 환경에 놓인 공동체의 생태적 균형이라는 측면에서 아동 훈련 형식의 중요성을 새롭게 인식하기도 했다.

---

* 유록(Yurok)족을 가리킨다. 에릭슨은 《유년기와 사회》에서 이 두 부족의 자녀 양육 방식을 정신분석과 문화인류학적 관점에서 비교 분석했다.(옮긴이)

언젠가는 새로운 정치 심리학이 우리가 홀로코스트에 대해 알게 된 사실과 제2차 세계대전에서 경험한 일들, 그리고 가장 문명화되고 선진적으로 보이던 사회에서 가장 파괴적인 흐름이 등장했다는 사실을 설명해주리라는 기대가 당시에는 전혀 위안이 되지 않았다. 그것은 오히려 엄중한 자극이 되었다.

이 책은 심리사회적 이론의 기원과 중요성을 전체적인 정신분석 이론의 틀에서 설명하는 데 제한된 관심을 두고 있다. 우리는 먼저 개인의 생애 주기라는, 그리고 세대의 순환이라는 생태 환경이 교란된 경우는 물론이고 이러한 환경이 건강하게 유지되는 상태에서 리비도의 에너지가 분배되는 전성기기(前性器期)가 어떤 역할을 하는지 살펴볼 것이다. 또한 전성기기가 단지 개인의 성기기와 자아의 종합을 위해 존재하는 것인지 알아볼 것이다.

이어지는 내용은 임상적인, 그리고 이론이 '적용된' 다양한 관찰과 경험에 토대를 두고 있으며 나의 기존 저서들과 관련되어 있다. 이 책에서 나는 임상 사례를 자세히 설명하지는 않을 것이다. 아울러 모든 내용이 (혹은 대부분의 내용이) 이미 언급되었던 것이기에 이 책의 여러 대목에서 기존의 내 글을 부연하거나 인용하게 될 것이다.

다만 이런 식으로 정리한 나의 생각을, 나와 비슷하거나 반대되는 입장을 표명하되 정신분석학의 범주 내에서 심리사회적 관점을 공유하지 않은 이들의 의견과 연결 지어 다루지는 않을 것이다. 그러한 노력은 부족하나마 국립정신건강연구소가 마련한 토론의 장에서 다룬 논문으로 대신하고자 한다.

2장

심리성적 발달과 세대의 주기

발달의 후성적 원리와 전성기기

'심리-성적' 또는 '심리-사회적'처럼 두 단어를 조합하는 것은 분명히 방법론적, 사상적으로 독자적 영역이 있는 두 분야의 경계선을 지워 양방향 통행이 가능해지도록 하려는 의미이다. 하지만 사물과 현상의 진정한 본질을 찾기 위해 그렇게 하이픈을 붙이는 시도는 기존 기법을 잘못 해석하는 인간의 경향을 극복하기 힘들다. 다행히도 치료는 항상 전체론적인 의학적 태도를 요구하며, 이 태도는 기존에 확립된 사실들을 반박하지 않으며 현상을 더 잘 이해하기 위해 더 넓은 맥락에 포함시키려 노력한다. 따라서 역사적 사례와 생애 전체의 경험을 토대로 하여 나는 인간 존재가 상호 보완적인 세 개의 조직화 과정에 매 순간 의존한다는 전제만을 출발점으로 삼을 수 있다. 순서와 상관없이 생물학적 기관의 위계적인 조직화 과정은 신체(soma)를 구성한다. 이어서 자아 통합에 의해 각각의 경험을 조직화하는 정신적 과정(psyche)이 일어나고, 마지막으로 개인의 상호 의존성이 문화적으로 조직화되는 사회적 과정(ethos)이 이어진다.

이 각각의 과정은 자연과 인간의 기본적인 어떤 요소들을 분리하고 연구하기 위해 실제로는 서로 분리되어야 하는 나름의 전문 연구 방법이 있다. 하지만 결국 모든 인간의 사건을 온전히 해명하려면 이 세 접근법이 모두 필요하다.

물론 임상 연구에서 우리는 이들 과정이 나름의 속성 때문에 서로 배척하고 고립시키는 경우를 자주 맞닥뜨린다. 이 때문에 신체적 **긴장**(tension), 개인적 **불안**(anxiety), 사회적 **공포**(panic)가 각기 다른 방식으로 연구되기도 한다. 하지만 임상 연구를 통해 이 방식 가운데 한 가지 측면에 접근하다 보면 나머지 과정이 항상 연관되어 있음을 발견하게 된다. 어느 한 과정은 다른 과정과 의미와 중요성을 주고받으며 연결되어 있다. 어떤 이—신경증 임상 연구에 당대의 과학 개념을 받아들인 프로이트가 그랬듯이—는 인간의 의식에 의해 부정되고 지배적인 도덕률에 의해 억압당하고 과학에 의해 무시당한 성적 에너지(eros)를 전능한 것으로 받아들임으로써 인간의 동기에 관해 결정적으로 새로운 접근법을 찾으려 하는지도 모른다. 프로이트의 시대에는 엄청난 문화적 요인에 의해 성의 억압이 심화되었기 때문에 성적 에너지 이론은 처음에는 충격적인 경보로 받아들여졌고 그 다음에는 해방의 불빛으로 여겨졌다. 하지만 질병의 이력과 개인의 생애, 역사적 설명은 우리로 하여금 가설로 제기된 이 성적 에너지와 다른 과정들에 의해 주어진 (혹은 억압된!) 에너지의 상호 작용을 고려하게 해줄 것이다. 어쨌든 프로이트 자신의 꿈의 기록들과 단편적인 사례 연구들은 인간에 대한 생태학적 사고를 보여주는 자료로 남아 있다.

우리의 연구를 통해 심리성적 발달과 심리사회적 발달의 신체적 토대를 설명하는 데 필수적인 것으로 드러난 **유기체 원리**(organism principle)는 **후성설**(epigenesis)이다. 이 용어는 발생학(embryology)에서 차용한 것인데, 오늘날 그 지위가 어떠하든 우리의 초기 연구에서 이 용어는 유기체의 성장과 관련된 모든 현상의 지배 원리인 상호 관련성을 더 잘 이해할 수 있게 해주었다.

프로이트가 유아 성욕(infantile sexuality)을 처음 인지했을 때만 해도 성과학(sexology)의 이해는 중세의 발생학 수준이었다. 발생학이 한때 여성의 자궁에 들어가는 남성의 정액에 아주 작지만 완전한 형태를 갖춘 '난쟁이'가 있고 거기에서 태아가 점차 발달한다고 가정했듯이, 프로이트 이전의 성과학은 그 어떤 유아기의 예비 단계 없이 사춘기에 처음 성욕이 나타나 발달한다고 가정했다. 하지만 발생학은 마침내 후성적 발달, 즉 태아의 기관이 점진적으로 발달한다는 사실을 이해하게 되었고 정신분석 역시 전성기기의 성욕을 발견하게 되었다. 이 두 발달 단계는 어떻게 관련되어 있을까?

발생학자들이 기관의 후성적 발달에 대해 알려준 것을 인용하면서 나는 모든 성장과 발달이 이와 유사한 형태를 띨 가능성을 독자들이 '들을' 수 있기를 바란다. 각 기관은 후성적 발달의 순서에서 생성 시기—기관의 위치만큼이나 중요한—가 정해져 있다. 스토커드(C. H. Stockard)는 예컨대 눈이 제때 생겨나지 않는다면 "발달 시기에 이른 다른 기관이 우위를 차지하며 빠르게 성장하기 때문에 눈이 온전히 발달하지 못할 수도 있다."(1931년)라고 말했다. 어떤 기관이 제때 생겨나기 시작했더라도 또 다른 시기적 요인이 그 기관의 가장 중요한 발달 단계를 결정짓기도 한다. "어떤 기관의 발달이 완전히 억제되거나 전체적으로 변형되려면 초기 단계에 발달이 중단되어야 한다."(Stockard, 1931년) 발달 시기를 놓친 기관은 그 자체로도 문제가 되지만 다른 기관들의 전체적 위계를 위협하기도 한다. "빠르게 진행되는 어떤 부분의 생성을 막는 것은 …… 그 부분의 발달을 잠정적으로 중단시키는 데 그치지 않고 다른 기관에 발달의 우위를 너무 일찍 넘겨줌으로써 억압된 기관이 우위를 되찾는 것을 불가능하게 만들고 결국 영구적인 변형을 초래하게 된다." 그러나 발달이 정상적으로 이루어지면 하나의 기관은 다른 신체 기관들과 크기와 모양에서 최적의 상호 관계를 맺게 된다. 간(肝)은 위와 창자의 크기에 맞춰지고, 심장과 폐는 서로 적절한 균형을 이루고 혈관의 용적은 전체 몸에 비례해 결정된다.

발생학은 '과잉의 괴물(monstrum in excessu)'과 '결핍의 괴물(monstrum in defectu)'을 낳는 발달의 문제들로부터 정상적인 발달에 대한 이해를 얻을 수 있었다. 마찬가지로 프로이트는 도착(倒錯)의 '과잉'이나 억압의 '결핍'에 의한 성기 성욕*의 왜곡을 임상적으로 관찰함으로써 정상적인 유아 성욕의 원리를 발견했다.

출생 이후 개인이 성장하면서 연령에 따른 예정된 시간표대로 일정한 신체적 · 인지적 · 사회적 능력을 어떻게 발달시키는지는 아동 발달에 관한 문헌들에 자세히 설명되어 있다.

우리가 알아야 할 것은, 적절하게 지도를 받는 건강한 아이라

성기 성욕(genitality) 성기와 관련된 심리적 특질로서 성기성이라고도 하며 구강 성욕, 항문 성욕과 함께 사용되는 개념이다.(옮긴이)

면 중요한 경험들을 하는 순서에서 발달의 후성적 원리를 충실히 따르게 되리라는 점이다. 그 원리는 아이들이 점점 더 많은 사람들과 상호 작용을 하며 그들을 지배하는 관습과도 상호 작용하는데 필요한 일련의 잠재력을 만들어줄 것이다. 그러한 상호 작용은 문화마다 다르지만 모든 문화는 '적절한 속도'와 '적절한 순서'를 반드시 보장해야 한다. 여기서 적절성이란 하르트만이 말한 '평균적인 기대치'(1939년), 즉 개인의 성격과 문화적 양식의 차이와 상관없이 모든 인간에게 필요하고 모든 인간이 감당할 수 있는 수준을 가리킨다.

그러므로 후성적 발달은 단순히 순서만을 의미하지는 않는다. 아래의 도표에서 제시되는 것처럼 각 요소와 다른 요소들 간의 기본적인 관계에 작용하는 일정한 원리도 포함한다.

	요소 1	요소 2	요소 3
단계 III	1-III	2-III	3-III
단계 II	1-II	2-II	3-II
단계 I	1-I	2-I	3-I

대각선 방향으로 굵은 선으로 표시된 칸은 각 단계의 순서(I, II, III)와 발달 요소(1, 2, 3)를 보여준다. 다시 말해 이 도표는 **시간의 흐름에 따라 각 요소의 분화가 진행**되는 양상을 도식화한 것이

다. 각 요소는 (예컨대 2-I) **결정적이고 중요한 순서**(2-II)**가 정상적으로 찾아오기 전**에는 (도표의 하단에) 어떤 형태로든 **존재하면서 완전한 총체가 적절한 시기에 적절하게 발달할 수 있도록 다른 요소들**(1과 3)**과 밀접한 관련을 맺고 있다**. 각 요소는 완전한 지배력과 영속적인 해답을 얻은 뒤에도 이어서 나타나는 지배력(3-III)의 영향을 받으며 계속해서 발달(2-III)해야 하고 특히 완전한 총체(1-III, 2-III, 3-III)의 통합 안에서 나름의 위치를 유지해야 한다. 이제 이 도표가 전성기기와 (이후의) 심리사회적 발달에서 어떤 의미를 지니는지 살펴보자.

전성기기(pregenitality)도 정신분석학에서 너무도 보편적인 개념이므로 여기서는 정신분석의 발달 이론에서 토대가 되는 중요한 특징들을 요약하는 것으로 충분할 것이다. 인간의 성적 욕구는 사춘기가 되어야 성기 성욕에 이르기 때문에 아이가 경험하는 성적 욕구는 전성기기에 속한다. 유년기의 성적 발달은 세 단계를 거치는데, 각 단계는 개체의 생명 유지와 관련된 중요 부위의 강한 **리비도화**(libidinization)가 특징이다. 이 단계들은 각각 '구강기', '항문기', '남근기'로 불리는데, 강력한 리비도화가 인간의 성적 욕구의 부침(浮沈)에 끼치는 광범위한 영향은 그동안 충분히 입증되었다. 장난처럼 이루어지는 ('전희'에 그치는 경우의) 다양한 전성기기의 쾌감, 정상적 단계 이후에도 (성기기의 우위를 방해할 정도로 집요하게) 지속되는 도착(倒錯) 행동, 그리고 전성기기의 강한 욕구를 과도하게 억압함으로써 생겨나는 신경증이 그러한 영향에 포함된다. 이 세 단계는 후성적 발달과 명백하게 연결되어 있다. 항문성감(2-I)은 구강기(I)에 이미 존재하며 항문기(2-II)의 규범적 위기를 거친 이후인 '남근기'(III)에도 그대로 남아 있기 때문이다.

이 모든 것을 받아들인다 해도 여전히 의문은 남는다. 다른 동물에 비해 긴 인간의 유년기에서 전성기기의 성욕은 성적 욕구의 발달을 위해 존재하고 거기에서 의미를 얻는 타고난 특질일까?

정신생물학적 관점에서 이러한 '성감대'와 리비도화 단계들은 생존에 필요한 다른 많은 발달에서도 핵심적인 역할을 하는 것이 분명해 보인다. 특히 이 리비도화 단계들은 개체의 생존에 필수적인 기능, 즉 음식 섭취와 배설물 배출 그리고 성적 잠복기로 불리는 일정 기간 이후의 성적 행동에 활용된다. 게다가 성애화(erotization)는 다른 기관들의 동시 발생적인 성장과도 본질적으로 관련되어 있다.

여기서 인간의 손—자기 성애(autoerotic) 경험과 자기 성애 승화에서 매개가 되는—이 수행하는 기능도 잠시 살펴보도록 하자. 팔은 고유의 방어 및 공격 기능과 함께 눈과 손의 협업이라는 인간 특유의 복잡한 활동을 능숙하게 수행하는 한편 손이 감각적 흥분 상태를 조작할 수 있도록 돕는 '조절' 기능을 수행하기도 한다. 이 모든 기능이 놀이의 시기에 매우 중요한 역할을 하는데, 바로 이 단계에서 **주도성** 대 **죄책감**이라는 갈등이 일어난다. 즉, 주도성이 능숙한 놀이와 더불어 일과 의사소통의 기본적 양상을 다양한 방법으로 펼쳐놓는다면, 죄책감은 습관적인 자기 성애와 그것이 만들어내는 상상을 금지한다. 그렇다면 우리는 먼저 성감대와 감각과 근육, 운동 기관의 발달을 시기적으로 연결해보아야 한다. 이를 정리하면 아래와 같다.

(1) **구강 – 호흡기와 감각** 단계
(2) **항문 – 요도와 근육** 단계
(3) **유아 – 성기기와 보행 이동** 단계

이 단계들과 여기에 관련된 발달 요소들은 앞의 작은 도표(52쪽)에서 후성적 발달 순서에 따라 제시했다. 아울러 〈도표 1〉의 A열에 배열된 단계들(56쪽)이 독자들이 이해하는 데 도움이 될지도 모르겠다. 이 도표에 제시된 주제들은 이 책이 하나씩 다룰 연구 주제들과 관련이 있다.

이제 이 기관들이 어떻게 심리사회적 의미를 '획득'하는지의

〈도표 1〉

단계	A 심리성적 단계와 양태	B 심리사회적 위기	C 중요 관계의 범위
I 유아기	구강-호흡기, 감각-운동 감각 (합일화 양태)	기본적 신뢰 (Basic Trust) 대(vs.) 기본적 불신 (Basic Mistrust)	모성 인물
II 유년기 초기	항문-요도, 근육 (보유-배출 양태)	자율성(Autonomy) 대 수치심과 의심 (Shame, Doubt)	부성 인물들
III 놀이기	유아 성욕, 보행 이동 (침범-수용 양태)	주도성(Initiative) 대 죄책감(Guilt)	핵가족
IV 학령기	'잠복기'	근면성(Industry) 대 열등감(Inferiority)	'이웃'과 학교
V 청소년기	성숙기	정체성(Identity) 대 정체성 혼란 (Identity Confusion)	또래 집단과 외집단, 리더십의 모델들
VI 청년기	성기 성욕	친밀(Intimacy) 대 고립(Isolation)	우정, 성, 경쟁, 협력의 동반자들
VII 성인기	(생식)	생산력(Generativity) 대 침체(Stagnation)	노동 계급과 대가족
VIII 노년기	(관능의 일반화 양태)	자아 완성(Integrity) 대 절망(Despair)	'인류' '동류 집단'

D 기본적 덕목	E 핵심적 병리 기본적 상반 특성	F 관련된 사회 질서 원리	G 결합된 의식 (儀式)	H 의식주의
희망 (Hope)	위축 (Withdrawal)	보편적 생명 원리	신비적	우상화 (Idolism)
의지 (Will)	충동 (Compulsion)	'규칙과 질서'	분별적	법 만능주의 (Legalism)
목적의식 (Purpose)	억제 (Inhibition)	이상적 원형	연극적	도덕주의 (Moralism)
역량 (Competence)	무기력 (Inertia)	과학 기술 원리	공식적 (기술적)	형식주의 (Formalism)
충실성 (Fidelity)	배척 (Repudiation)	이념적 세계관	이념적	전체주의 (Totalism)
사랑 (Love)	배타성 (Exclusivity)	협력과 경쟁의 유형	친화적	엘리트주의 (Elitism)
배려 (Care)	거부 (Rejectivity)	교육과 전통의 경향	세대 간의	권위주의 (Authoritism)
지혜 (Wisdom)	경멸 (Disdain)	지혜	철학적	독단주의 (Dogmatism)

문제에 접근하면서, 우리는 먼저 (본능에 의한 가변성과 더불어) 인간의 긴 유년기 단계들과 공동체의 구조가 (문화적 변화 속에서) 진화론적 발달의 일부이며 본질적으로 상호 작용의 가능성을 지니고 있다는 사실을 기억해야 한다. 대체로 공동체의 제도는 기관의 발달을 뒷받침하도록 설계되어 있으며 동시에 각 기관의 기능에 (그리고 유년기 전체에) 지속적으로 특별한 의미를 부여한다. 이렇게 부여된 의미는 문화적 규범, 사회적 양식, 특징적인 세계관을 지탱하기도 하지만 공동체에 대한 개인의 갈등을 유발할 수도 있다.

그런데 전성기기 각 단계의 성적 경험과 표현에 대해 공동체가 어떻게 반응하느냐의 문제를 설명할 때 우리는 역사적 딜레마에 직면한다. 전성기기 단계들을 발견한 정신분석의 임상적 관찰은, '사회'가 본래 유아 성욕에 지나치게 적대적인 탓에 가혹한 억압을 가하는데, 이 억압이 때로는 모든 인간적 특질을 억압하는 길로 이어진다는 결론을 내릴 수밖에 없었다. 이러한 잠재적 억압은 빅토리아 시대 특유의 편집증으로 나타났으며 특히 히스테리와 강박 신경증 같은 주요 신경증의 발병 원인이 되었다고 할 수 있다. 정신의학과 정신분석은 당대의 역학적 경향에 반영된 인간 본성의 '새로운' 측면들을 끊임없이 찾을 수 있고 또 마땅히 찾아야 하지만 그것을 해석할 땐 우리가 뒤에서 다룰

역사적 상대성도 고려해야 한다. 아이들을 과도한 도덕주의로 훈련시키지 않는 시대에는 유아 성욕의 경향이 드러나는 놀이가 어느 정도 허용된다. 모든 사회는 특별한 형태의 '대화'를 제공함으로써 어른과 아이의 본능적 상호 작용을 계발하는데, 이를 통해 아이는 초기의 신체 경험에 깊고 지속적인 문화적 의미를 부여받는다. 모성적, 부성적 인물에 이어 부모 같은 다른 어른들이 아이의 본능적 애착과 상호 작용의 범위 안에 들어오는 시기에 아이들 역시 개인적 · 공동체적 통합에 장기적으로 영향을 끼치는 의사소통 양식을 어른들에게 일깨운다.

기관 양태와 몸의 자세와 사회적 양상

전성기기 양태

이제 심리성적 발달과 심리사회적 발달의 주요한 연결 고리로서 인체 기관의 심리성적 부위를 관장하는 **기관 양태**(mode)에 주목한다. 기관 양태에는 **합일화**(incorporation), **보유**(retention), **배출**(elimination), **침범**(intrusion), **수용**(inclusion)이 있다. 신체의 여러 구멍들이 다양한 양태와 관련되어 있다면, 전성기기 이론은 여러 성감대가 '각' 단계에서 쾌감과 일정한 목적에 따라 기능적 양태의 지배를 받는다고 주장한다. 입은 내용물을 뱉거나 안으로 들어오는 물체에 밀착하려는 경향도 있지만 주로 **합일화***를 한다. 항문과 요도는 **보유**와 **배출**을 하는 반면에 남자의 성기는 **침범**을, 여성의 성기는 **수용**을 하게 되어 있다. 하지만 이 양태들은 포유류 유기체의 신체 부위와 사물 사이의 상호 작용은 물론 다른 유기체의 신체 부위들과의 상호 작용을 지배하는 기본적 배열을 구성하기도 한다. 그러므로 신체 부위와 그 양태는 특정한 문화에서 아동 훈련 방식의 주요한 관심사이자 이후의 발달 단계에서도 그 문화의 '생활 방식'에서 핵심 역할을 한다. 동시에 유년기의 양태들은 **몸의 자세** 변화는 물론이고 **양상**(modality)과도 유의미한 관계가 있는데, 이 두 가지는 엎드린 자세에서 기는 자세까지, 그리고 앉고 서는 자세에서 걷고 뛰기까지 직립을 하게 되면서 눈의 높이가 달라지는 인간에게 매우 근본적인 조건이며 여기에는 두 성에게 기대되는 적절한 공간적 행위가 포함된다.

'원시적인' 자녀 양육 방법을 처음 접하면 원시 문화에 전성기기의 본능적 힘을 활용하는 직관적 지혜가 있다는 결론을 내리지 않을 수 없다. 그 지혜는 아이로 하여금 자신의 강한 소망을 희생하도록 유도할 뿐만 아니라, 일상의 습관부터 특정 문화의

* 젖을 빠는 아기의 행동은 합일화의 대표적인 예이다.(옮긴이)

기술 체계(technology)에서 습득하는 기법(technique)에 이르기까지 적응에 필요한 기능을 익히고 그것을 즐기도록 뒷받침해준다. 우리는 수족 원주민의 전통적 아동 훈련을 재구성하면서 우리가 이후에 유년기 초기의 기본적 신뢰라고 설명하는 것이 젖을 먹이는 어머니의 거의 무제한적인 보살핌과 관대함에서 생겨난 것임을 확신하게 되었다. 젖니가 난 아기에게 여전히 젖을 물리면서도 어머니는 아기의 잠재된 분노가 최대한 촉발되도록 장난스럽게 수유를 했는데, 이는 아이의 관습적인 놀이와 일, 그리고 훗날 사냥감과 적에 대한 공격성이 요구되는 사냥과 전투 행위에 고스란히 전이되었다. 이에 따라 우리는 원시 문화가 단순히 기관 양태와 사회적 양상을 '알맞게' 조성하기 위해 발달 초기의 경험과 인간관계의 경험에 특별한 의미를 부여하는 것을 넘어, 그 과정에서 유도되고 굴절된 에너지를 신중하고 체계적으로 전달하는 한편 그렇게 촉발된 유아의 분노에 지속적으로 초자연적인 의미를 부여한다는 결론을 내리게 되었다.

기관 양태와 관련된 발달 초기의 사회적 양상을 설명하면서 나는 기초적인 영어를 사용하려 한다. 왜냐하면 이 단어들은 모든 언어가 공통적으로 표현하는 인간의 기본적인 행동을 가장 잘 전달할 뿐만 아니라 체계적인 비교도 가능하게 해주기 때문이다.

구강-감각 단계는 두 가지 결합(incorporation) 양태의 지배를 받는다. 'To get'은 주어진 것을 수동적으로 받아서(receive) 적극적으로 받아들인다(accept)는 뜻을 지니고 있다. 물론 호흡 양태와 빨기 양태의 유사성에는 근본적인 중요성이 있다. '빨기' 양태는 인간이 최초로 학습하는 사회적 양상이다. 또한 모성적 인물—자기애의(narcissistic) 첫 번째 반영이자 애착의 대상인 '최초의 타자'—과의 관계 속에서 학습되는 것이기도 하다. 따라서 **주어진 것을 받아들이는 것**과 자신이 원하는 것을 **누군가가 주도록 만드는** 방법을 학습하는 과정에서 유아는 훗날 **주는 사람이 되기** 위한 필수적인 토대를 발달시킨다. 그런데 이가 나면서부터 **살짝** 물고 **꽉** 깨물고 **완전히** 베어 무는 쾌감이 발달하기 시작한다. 조금 더 적극적인 이 합일화 양태는 다른 기관들과 함께 발달한다는 특징이 있다. 눈은 처음에는 시야에 들어오는 사물을 수동적으로 받아들이다가 이제 초점을 맞추고 사물을 배경과 분리해 '파악'하며 사물을 따라가는 법을 익힌다. 마찬가지로 귀는 의미 있는 소리를 식별하고 소리가 나는 위치를 특정하며 그쪽으로 몸을 돌리는 법을 익힌다. 팔은 사물을 향해 뻗고 손은 의도한 물건을 움켜쥐는 법을 배운다. 아이마다 조금씩 다른 이유(離乳) 시기와 의존 기간 동안 이 모든 양상에 광범위한 내적 의미가 주어진다. 따라서 우리가 다루는 것은 단순히 훈련이 발달에 끼치는 영향이 아니라 **신체적·정신적·사회적 패턴들의 상호 동화**이다. 이 상호 동화 과정은 (우리가 뒤에서 **에토스**ethos로 다룰) 문화적 패턴에 담긴 내적 원리에 의해 유도되는 적응적 발달이며 상호 동화의 '도구들'을 통합하는 자아의 커 가는 능력에 조응하게 된다.

붙잡고 있기(holding on)와 **내보내기**(letting go)라는 단순한 기능적 대립과 관련하여, 일부 문화—또한 아마도 소유욕을 중시하는 에토스를 지닌 문화—는 항문 근육 단계를 지배하는 보유와 **배출 양태**를 규범적으로 강조하는 경향을 보이면서 이 신체 부위를 전쟁터로 만들기도 한다. 항문 근육 단계가 좀 더 발달하면서 **붙잡고 있기** 같은 양태는 파괴적이고 가혹한 보유 또는 억제로 바뀔 수 있으며, 이는 **소유하기**와 **붙잡고 있기** 같은 양육 방식의 토대가 될 수 있다. 마찬가지로 **내보내기**는 파괴적인 힘의 적대적 표출로 바뀔 수도 있고 너그러운 '관용'과 '용인'으로 바뀔 수도 있다.

한편 (너무나 많은 이중적 의미와 너무 과도하거나 또는 너무 적은 훈련에서 비롯되는) 패배감은 깊은 수치심과 강박적 의심으로 이어질 수 있는데, 이런 상태에서 개인은 자신이 한 일이 진정으로 원했던 것인지, 또는 진정으로 원했던 일을 자신이 한 것인지 의심할 수 있다.

유아 성기기 단계의 행동을 상당 부분 지배하는 **침범 양태**는 활발한 운동으로 타인의 공간을 침범, 물리적 공격으로 타인의 신체를 침범, 공격적인 소리로 타인의 귀와 정신을 침범, 호기심에 의한 미지의 것에 대한 침범 등 다양한 형태의 '유사한' 활동이 특징이다. 이에 상응하는 **수용** 양태는 이러한 공격적 행동을, 가상의 요소에 대한 차분한 수용과 어린 아이는 물론 또래와의 다정한 관계로 변화시키는 놀라운 능력을 보여준다. 남성 성기와 여성 성기에 최초로 일어나는 리비도화는 상황이 허락하는 경우 성인의 성행위를 흉내 내는 성적 장난으로 표현되는 경우도 있지만 대개의 경우 자기 성애적 장난과 오이디푸스 콤플렉스적 환상 속에서 표출된다. 그러나 보행 이동성과 유아 성기기 단계가 '이익을 추구한다(being on the make)'는 의미에서 'making'에 도움이 되는 일반적 양상에 녹아들면서 이 모든 것은 '잠복기'에 자리를 내주게 된다. 'making'은 **주도성**과 목표에 대한 집요함과 정복의 쾌감을 암시한다. 아울러 일부 문화는 남아들에게 남근기적 침범 양태에서 얻는 '이익'을 강조하는 한편 여아들에게는 상대를 애태우고 흥분시키거나 '유혹하는(catching)' 형태, 즉 자신을 귀엽고 매력적으로 보이게 만드는 데서 얻는 '이익'을 강조한다. 물론 양성 모두 이러한 양상들을 조합해 상황에 따라 적절하게 활용한다.

여기서 내가 '남근기'라는 용어보다 **유아 성기기**라는 표현을 선호하며, 이 단계에서 침범과 수용 양태와 양상의 조합이 양성 모두를 지배한다는 사실에 주목한다는 점을 밝혀야겠다. 유아 성기기 단계—잠복기가 존재해야 하는 (진화론적) '이유' 가운데 하나로 여겨지는—에 어떤 양성적 기질은 두 가지 성 모두에 존재하는 것이 분명하며, 남성적 침범과 여성적 수용이라는 성기기 양태의 완전한 분화는 사춘기가 되어서야 나타난다. 남성의 돌출되고 발기되는 기관을 목격한 여아는—특히 가부장적 환경에서—남근 선망을 품을 수도 있지만 동시에 남성의 성기를 받아들이고 싶다는 강한 소망을 느낄 수도 있다. 여기서 남아와 여아의 발달에서 기관 양태뿐 아니라 침범과 수용의 사회적 양상을 중요하게 다루고 있다는 사실은 여성의 발달에 대한 이론적 강조점이 바뀌어야 함을 말해준다. 여성의 발달에 대한 이론적 초점은, (1) 외부로 드러난 기관을 갖고 있지 못하다는 의식에서 생명 유지에 필수적인 내적 잠재력, '내부 공간'을 갖고 있다는 새로운 의식—여성의 보행 이동성과 일반적인 주도성이 강력한 침범의 형태로 표현되어도 전혀 모순되지 않는—으로, (2) 남성적 활동을 '수동적'으로 거부하는 것으로부터 출산과 양육에 필요한 기관을 지니고 있음을 표현하고 이와 조화를 이루는 활동을 즐겁게 추구하는 데로 이동해야 한다. 따라서 사춘기에 성기기의 특질이 성별로 완전히 분화된다는 사실을 배제하지 않으면서도 우리는 침범과 수용 양태를 모두 사용하는 양성적 성향에 문화적·개인적 편차가 크게 작용한다는 사실을 고려해야 한다.

물론 침범 양태와 수용 양태의 교대는 남아의 유년기에 일정한 갈등으로 이어진다. 몸에 대한 관심이 커지는 시기에 여성의 성기를 보게 된 소년들이 거세 공포를 경험하고, 이 공포가 여성에 대한 동일시를 막을 수 있다는 것은 사실이다. 하지만 몸에 대해 충분히 이해하고 있고 표현이 허락된 상황이라면 그러한 동일시는 남아에게 배려의 특질이 발달하도록 도와줄 수 있으며, 이것은 보행 이동성과 더불어 장기적으로도 침범 양태의 성기 성욕과 충돌하지 않는다.

성기 성욕과 관련된 신체 부위, 양태와 양상의 최종적인 발달을 충분히 고려하는 것은 보편적인 여성적, 남성적 문제들을 분명히 이해하는 데 도움이 된다. 양성의 차이를 이용한 전통적 착취를 이해하기 전에 우리는 발달의 복잡성이라는 측면에서 이 문제들을 먼저 이해해야 한다. 침범과 수용 양태 사이에는 부정할 수 없는 유사성이 있다. 여성의 경우, 침범을 위한 남근이 없는 (그리고 유방이 아직 발달하지 않은) 상태에서 이 유사성은 주어진 문화적 조건 속에 놓인 여성의 의존적 경향을 심화할 수 있다. 이는 일부 문화에서 착취와 결합할 수 있으며, 특히 여성에게 주어진 생식과 출산의 무한 책임에서 비롯되는 의존적 상황과 밀접한 관련을 맺을 수도 있다. 적어도 일부 문화적 제도에서, 그리고 양성의 경제적 역할이 극단적으로 분리된 상황에서 이러한 경향이 여성에 대한 착취를 가능케 했는지도 모른다. 특히 유아기의 (또한 성인기의) 부양가족을 실질적으로 돌보는 동안 여성은 의존적 상태로 남아 있을 것을 요구받았다.* 이와는 달리 남성의 경우, 동일한 문화적 조건 속에서도 퇴행적 의존이나 어머니에 대한 동일시의 욕구가 사냥 또는 전투, 경쟁, 혹은 착취처럼 침범 양상을 추구하는 공격적 과잉 보상으로 이어질 수 있다. 그러므로 양성 가운데 어느 쪽에서든 대항의 양태가 일어나는 것은 비교 연구를 할 가치가 있으며, 이 문제에 대한 이론상의 결론이 첨예하게 충돌할 때 그러한 연구는 더욱 신중하게 이루어져야 한다. 중요한 것은 오늘날의 사회적 실험들과 우리가 얻을 수 있는 통찰이 궁극적으로 성인 남녀는 물론이고 아이들에게도 충분히 적용될 수 있는 성적 에토스를 향해야 한다는 점이다.

---

* 나는 이러한 경향을 인식할 필요성과 진화론적 가능성을 대체로 믿는 편이지만 그것을 양태와 신체 부위의 도표(Erikson, 1963년)로 제시하는 것이 형태상 지나친 단순화로 잘못 이끌 수 있음을 인정한다.

자세의 양상

성감대의 기관 양태가 어떻게 발달하는지 살펴보고 이러한 양태들을 사회적 존재의 양상과 관련지을 때, 전성기기의 감각, 근육 그리고 이동 양상의 심리사회적 의미를 체계적으로 지적하는 것이 중요해진다. 이 단계들을 거치면서 아이는 확대되는 **유의미한 사회적 상호 작용의 반경**뿐 아니라 **확장되는 시공간**의 경험 속에 존재하게 된다.

"아침에는 네 발로 걷다가 낮에는 두 발로 걷고 저녁에는 세 발로 걷는 짐승이 무엇이냐?" 오이디푸스에게 던져진 수수께끼가 이미 자세의 변화에 담긴 중요성을 말해주었지만 정신분석 이론은 심리성적 단계에서 눕거나 기거나 직립 보행을 하는 자세의 변화를 그리 중요하게 여기지 않았다. 나는 인간의 발달 초기의 자세를 가지고 그것이 (심리성적, 심리사회적 단계들과 맞물려서) 시공간적 존재의 기본적 관점을 결정하는 방식을 다시 한번 설명하고자 한다.

누워만 있던 신생아는 점차 자신을 바라보며 반응하는 모성적 인물의 얼굴을 올려다보게 된다. 정신병리학은 유아가 입을 젖에 갖다 대는 것이 생존에 필수적이듯 눈을 맞추는 관계(J. Erikson, 1966년) 형성이 모든 인간의 심리 발달과 생존에 필수적인 '대화'라고 가르친다. 물론 신생아가 모성의 세계와 처음 '접촉'할 때는 눈을 맞추는 능력이 부족하다. 그러나 일단 그러한 접촉이 확립되면 인간은 그때부터 줄곧 자신이 올려다볼 누군가를 찾게 되며 '행복감을 주는(uplifting)' 만남에서 안정감을 얻는다. 그러므로 최초의 대인 관계를 형성하는 이 장난스럽고(playful) 의도적인(planful) 대화에서 눈빛, 표정 그리고 **이름**을 부르는 소리는 최초의 타자와 상호 인식하는 데 중요한 요소들이 된다. 이 항구적인 요소들은 일생 동안 결정적인 만남이 있을 때마다 다시 나타난다는 점에서 그 존재론적 가치가 입증된다. 그것은 '오로지 그대의 눈으로 나를 위해 건배를'* 하는 연인이나, 카리스마 있는 지도자를 '넋을 놓고 바라보는' 민중 혹은 신(神)의 얼굴을 영원히 추구하는 이들—지금은 '어렴풋이 보지만' 언젠가는 '주께서 나를 아신 것같이 내가 온전히 알리라'**고 약속한 사도 바울로처럼—모두에게 해당된다. 의학적으로 사망 판정을 받은 후 다시 깨어난 사람들의 경험을 다룬 보고서들은 그러한 궁극적 만남의 희망을 확인해주는 것 같다.

기기 위해 최초로 엎드리는 인간의 자세를 이야기하면서 정신분석 치료를 위한 기본적 준비 상황의 절묘함을 언급하지 않을 수 없다. 중대한 이야기를 주고받는 동안 눈이 마주치지 않도록

* 17세기 영국 시인 벤 존슨(Ben Jonson)이 지은 노랫말의 한 구절.(옮긴이)
** 고린도전서 13장 12절의 일부.(옮긴이)

환자는 누워 있는 자세로 자유 연상을 한다. 자유로움과 긴장이 결합된 이 상태는 흔히 격렬하고도 집요한 전이로 이어진다. 이 중 가장 깊은 (그리고 어떤 이들에게는 가장 충격적인) 전이는 누워 있는 유아가 자신에게 반응해주는 양육자의 얼굴을 계속해서 찾는 것이다.

인간의 발달은 강조점의 극적인 이동에 의해 좌우되는데, 다른 동물에 비해 긴 유아기의 의존 상태를 거친 아이는 곧 맹렬한 속도로 '(두) 발로 서는' 법을 익힌다. 호모 루덴스가 호모 에렉투스가 되듯 아이는 견고한 자세로 똑바로 섬으로써 수많은 의미를 내포한 새로운 관점을 얻게 된다.

직립하는 존재에게 (처음엔 불안정하게 움직이는) 머리는 위를 향하고 눈은 앞을 향한다. 사물을 입체적으로 보는 눈은 우리로 하여금 정면에 있는 것을 '직면'하게 해준다. 또한 등은 뒤에 있는 것들과 면한다. 여기서 앞과 위, 앞과 아래, 뒤와 위, 뒤와 아래 같은 의미 있는 조합이 만들어진다. 그리고 이 모든 것이 다른 언어로 강력하고 다양한 의미들을 수용한다. 앞과 위에 있는 것은 빛처럼 우리를 인도할 수 있다. 아래와 앞에 있는 것은 우리를 걸려 넘어지게 할 수 있다. 뒤에 있는 사람 또는 동물은 우리에게 보이지 않지만 그들은 우리를 볼 수 있다. 이 때문에 수치심은 앞쪽이 노출되었음을 의식하는 것뿐만 아니라 직립 자세에서 등 뒤, 특히 '엉덩이(behind)'를 의식하는 것과도 관련되어 있다. 따라서 '내 뒤에(behind me)' 있는 사람들은 '나를 뒷받침해주고(back me up)' 나를 앞으로 가도록 이끌어주는 사람들과 상반된 범주에 들어가며, 나는 모르는 가운데 나를 지켜보는 사람들과 나를 잡기 위해 '내 뒤를 쫓는(after me)' 사람들 역시 다른 범주에 들어간다. 또한 아래와 뒤에는 내가 커지면서 상대적으로 작아졌거나 내가 잊었거나 버리고 싶은 사물이나 사람들이 있다. 여기에서 배출(eliminative) 양태는 일반적으로 방출(ejective) 양상을 띠는 것처럼 보일 수 있다. 이밖에도 기관 양태와 자세에 따른 체계적이고 유의미한 관점의 조합은 많이 존재하지만 이를 찾아보는 것은 독자들의 몫으로 남겨 두어야겠다. 그런데 내가 이 문단에서 경험의 주체로 '나'를 쓰고 있다는 사실을 독자들이 발견했는지 모르겠다. 사실 경험적, 언어적 확증을 수용하는 발달상의 모든 단계는 (무의식의) 자아뿐만 아니라 의식이 있는 '나'를 자기 인식의 중심으로 인정한다. 호흡이 신체적 존재에 필수적이듯 우리의 정신적 삶에 이러한 조합은 필수적이다.

이 모든 것과 관련하여 (양상은 물론이고) 자세와 결부된 언어의 논리는, 성장하는 아이가 "자신의 경험(자아 통합)을 통제하는 방식은 집단적 정체성의 성공적인 변형을 뜻하며 그 집단의 시공간과 조화를 이룬다."는 사실을 확실하게 보증한다. 우리의 논의는 여기에서 다시 출발한다.

보행 능력을 막 획득한 아이는 걷는 행동을 완벽하게 하려는 듯 이 동작을 열심히 반복할 뿐만 아니라 유아 성기기 단계의 침범 양태에 따라 다양한 형태로 타자의 영역을 침범하는 경향을 보인다. 모든 문화에서 아이들은 '걸을 수 있는 아이'라는 새로운 지위와 상태를 의식하는 동시에, 종종 '장차 크게 될(go far) 녀석'이나 '도를 넘는(go too far) 놈' 또는 '잘하고 있는(move nicely) 여자아이'나 '아무하고나 어울려 다닐(run around) 계집애'처럼 움직임에 따른 상반된 언외(言外)의 의미를 인식하기도 한다. 따라서 다른 발달상의 성취와 마찬가지로 걷기도 자존감에 큰 기여를 하는데, 이 자존감에는 자신이 생산적인 미래를 향해 제대로 걸어가고 있으며 이 과정에서 심리사회적 정체성을 습득하고 있다는 확신이 반영되어 있다.

문화적 '외부 세계'와 반드시 연결되어야 하며 실제로 연결되어 있는 아이의 새로운 내적 구조에 대해 정신분석은 유년기에 부모의 금지와 명령이 초자아—스스로 무엇인가를 '꺼리게' 만드는 더 높은 곳의 목소리, 또는 더 높은 자기(self)를 바라보고 열망하게 만들며 훗날 정신적 스승과 '위대한' 지도자들을 찾고 신뢰하게 하는 **자아 이상**(ego ideal)—의 일부로 내면화되는 방식의 중요성을 강조해 왔다.

의식화(儀式化)

지금까지 우리가 '대화' 또는 아이와 보호자의 상호 작용이라고 다소 모호하게 불러온 것은 **의식화**라는 중요한 특징을 설명할 때 비로소 심리사회적 실체로서 그 모습을 드러낸다. 이 용어는 동물의 행동을 연구하는 동물행동학(ethology)에서 비롯되었다. 줄리언 헉슬리(Julian Huxley)는 계통발생학적으로 흔히 사회적 동물이라고 일컬어지는 동물들의 '의식(儀式)' 행동—일부 조류의 요란한 인사 의식 같은—을 가리켜 이 용어를 만들었다. 그런데 우리는 이런 맥락에서 사용하는 '의식(ceremony)' 또는 '의식적(ceremonial)'이라는 단어에는 인용부호가 붙어야 그 의미가 제대로 전달된다는 사실에 주목해야 한다. 이는 강박적으로 손을 씻는 행동을 임상적으로 묘사할 때 '의례(ritual)'라고 표현하는 것과 비슷하다. 다행히도 우리의 의식화(ritualization)는 그리 요란하지도 않고, 반복되는 상황에서 유의미한 간격을 두고 그 행동을 되풀이하는 사람들 사이의 일상적이고 일정한 상호 작용에 한해 사용된다. 그러한 상호 작용이 (적어도 그 상호 작용의 참여자들에게는) "**우리**는 원래 이렇게 합니다." 이상의 의미가 있지는 않겠지만, 우리는 그런 의식화가 모든 참여자들과 그들의 모든 집단 생활에서 적응성의 가치를 지닌다고 믿는다. 동물에게 자연에 적합한 본능이 필요하듯, 이 상호 작용은 인간이 태어나면서부터 적응에 도움이 되는 본능을 사회적 과정(social process)에 단계별로 투입하도록 이끌어준다.

줄리언 헉슬리(Julian Huxley)와 콘라트 로렌츠(Konrad Lorenz)가 생생하게 묘사한 바 있는 동물의 의식화(1966년)와 비슷한 예를 찾기 위해, 우리는 어머니가 막 잠에서 깬 아기에게 인사를 건네거나 그 어머니가 아기를 씻기고 재우는 모습을 떠올려 보았다. 그러자 우리가 인간에게 적용하는 의식화가 매우 개인적인 (특정한 아기에게 맞춰진 그 어머니만의 '독특한') 측면이 있는 동시에 외부 관찰자가 인류학적으로 비교할 때는 전통적인 일정한 틀을 따르는 것이 분명해 보인다는 사실이 드러났다. 이 총체적 과정은 신체와 리비도의 욕구의 주기성에 더해 아이의 인지 능력이 발달하고 이질적인 경험들을 해보려는 열의가 커지는 데 따라 이루어진다. 또한 출산을 한 어머니도 아이에게는 꼭 필요한 존재이다. 어머니로서 추구하는 본능적 만족이 무엇이든간에 그녀는 특별한 종류와 특별한 방식으로 어머니가 되어주어야 한다. 앞에서 언급한 것처럼 이러한 최초의 의식화는 연속되는 기능을 수행하면서 얼굴과 이름에 의한 상호 인식의 필요성을 뒷받침해준다. 우리는 어머니와 아기를 늘 짝지어 생각하는 경향이 있지만 여기서는 다른 모성적 인물들과 아버지의 존재도 고려해야 한다. 아버지는 유아에게 '나'의 상대방, 즉 **최초의 타자**에 대한 의식을 일깨우고 강화하는 사람이다.

이와 같은 구성원들의 조합이 언제 어디에서 반복되든 부모와 아이의 만남은 최고의 상태일 때 외견상의 역설을 중화해준다. 그들의 만남은 장난스러우면서도 격식이 있고, 반복을 통한 친숙함이 있으면서도 항상 새롭고 놀랍다. 두말할 필요도 없이 그 만남은 '자연스러운' 만큼 단순해 보이기도 하지만 전혀 계획적이지 않고 (인생에서 가장 좋은 것들이 그러하듯) 억지로 만들어지지도 않는다. 그런데 이 만남은 흔히 (불행하게도) '대상 관계'*를 영구적으로 확립하는 데 이용된다. 내가 '불행하게도'라고 덧붙인 이유는, (사랑을 받는 사람은 리비도의 '대상'이 되기 때문에) 리비도 이론의 일부로서 정신분석학자들에게 유의미한 용어가 '공인'받지 못했기 때문이다.(Erikson, 1978년) 가장 열렬한 사랑을 받는 사람은 '대상(object)'으로 불린다. 그리고 잘못 불린 이 단어는, 아이가 인지적 측면에서는 물론이고 정서적으로도 특별한 호기심을 가져야 하는 **사실들**의 세계에서 **대상**이라는 단어를 떼

대상 관계(object relation) 생애 초기에 양육자와 형성한 관계에서 비롯된 경험이 전 생애 동안 타인과 관계를 형성하는 기본 틀로 작용한다는 프로이트의 개념. 여기에서 '대상'은 주요한 타자를 가리킨다.(옮긴이)

어놓았다. 어쨌든 이 문제의 심리성적 측면은 타인의 존재에 비추어 자기 자신을 분리된 존재로 이해하는 능력을 포함할 뿐만 아니라 최초의 **타자**를 마주하는 심리사회적 능력도 보충적으로 포함한다. 동시에 이러한 능력은 유아의 분노와 불안을 잠재우기도 하는데, 유아의 분노와 불안은 동물의 새끼가 보이는 동요나 공포보다 훨씬 복잡하고 치명적이다. 이에 따라 생애 초기에 경험하는 관계의 결핍은 극단적인 경우 아이의 '자폐'로 나타날 수 있는데, 이는 아마도 모성 박탈에 대한 또는 그것에 의한 아이의 반응이라 할 수 있다. 어쩌면 우리가 가끔 목격하는 공허한 대화—눈을 맞추지 않고 표정으로 반응하지 않는 개인적 의식주의(ritualism)가 특징인—나 똑같은 몸짓을 끝없이 반복하는 아이의 절망적인 모습은 그로부터 비롯되었는지도 모른다.

나는 이제 위에서 언급한 현상에 의식화와 의식주의의 적용이 정당화될 수 있는 또 하나의 근거로 일상적인 의식화와 그것이 일어나는 특정한 문화의 성대한 의식 사이에 유사성이 있다는 사실을 인정해야 한다. 나는 앞에서 어머니와 유아의 상호 인식이 일생 동안 경험하는 행복한 만남들의 원형이 될 수 있다고 말했다. 이는 삶의 주요 발달 단계의 의식화가 사회 구조의 주요한 제도들, 그리고 그 사회의 의식과 상응한다는 말과 통한다. '나'와 '타자'의 양극성에 대한 이 최초의 어렴풋한 확인은 우리가 **신비적**(numinous) — 신성한 존재의 아우라 — 단계라고 부르는 특질에 대한 의식적, 심미적 욕구의 토대가 된다. 이 신비성은 **초월적 단독성**과 **확고한 개별성**을 확인해주며 이에 따라 '나'에 대한 의식의 토대를 확보해준다. 종교와 예술은 전통적으로 성스러움의 함양을 가장 강력하게 요구하는데, 다른 '나'들 — 모두를 아우르는 "나는 나(야훼)다"를 공유하는 — 로 구성된 교회의 세부적인 의식에 의해 이 성스러움을 인식할 수 있다.(Erikson, 1981년) 군주들은 이 성스러움을 얻기 위해 경쟁했고, 오늘날에는 정치적 이념이 이 성스러움의 요소를 넘겨받아 수많은 현수막에 정치인의 얼굴이 걸리게 되었다. 하지만 (전문가 집단의 '운동'에 참여하면서 창시자의 사진을 벽에 걸어 두고 운동의 영웅적 초기 역사를 이상적 지침으로 삼는 매우 효과적인 기법으로 무장한 임상의들을 포함하여) 의심 많은 관찰자들이 그러한 총체적, 초월적 경험에 대한 전통적인 욕구를 유아적인 욕구, 또는 집단적 정신질환으로의 부분적인 퇴행으로 여기기는 너무나도 쉽다. 그러한 욕구들은 그 욕구의 발달론적, 역사적 상대성 속에서 연구해야 한다.

그런데 모든 기본적 의식화는 우리가 의식과 유사한(ritual-like) 행동 양식이라고 부르는 의식주의의 형태와 관련이 있으며, 이것은 공동체의 통합적 가치를 말살하는 정형화된 반복 행동과 망상적 겉치레가 특징이다. 따라서 일정한 조건 하에서 성스러움의 욕구는 매우 위험한 집단적 망상이 될 수 있는 가시적 중독 양상인 우상 숭배로 쉽게 타락한다.

의식화의 두 번째 단계(항문-근육)와 세 번째 단계(유아 성기기-보행 이동)는 좀 더 간략하게 특징지을 수 있다. 두 번째 단계에서는 괄약근을 포함한 근육 체계의 기능에 따라붙는 집요한 쾌락이 어떻게 문화적 관습에 부합하는 행동 양식으로 유도되는지에 관한 문제가 제기된다. 여기에는 어른의 의지가 아이 자신의 의지로 변환되는 문제도 포함된다. 유아기의 의식화에서 주의와 위험 회피는 부모의 책임이지만 아이는 점차 무엇이 가능하고 허용되는지 그리고 무엇이 가능하지 않고 허용되지 않는지에 대해 '스스로 주의를 기울이는' 훈련을 받아야 한다. 이를 위해 부모와 다른 연장자들은 아이가 (그리고 그들 자신이) 조심하지 않을 때 벌어질 수 있는 상황을 아이에게 (아이의 눈앞에) 보여줌으로써 두 개의 상반된 자기상(self-image)—가정과 문화에서 바람직한 것으로 여겨지는 확장과 자기 주장을 향해 나아가는 인물의 자기상과, 결코 되어서는 (또는 보여서는) 안 될 그러나 될 가능성이 있는 부정적인 인물의 자기상—을 아이에게 제시한다. 아직 어리거나 크거나 딱 맞는 나이거나 아이들에게 들어맞는 행동을 반복해서 언급함으로써 이 자기상은 강화

(reinforced)된다. 이 모든 일은 좀 더 자란 아이와 부모를 포함하는 유의미한 애착의 범위 안에서 일어난다. 이때 아버지가 점점 중요한 인물로 보이기 시작한다. 어쩌면 '예'와 '아니오'를 강조하는 한편 위압적이고 무서운 외모와 자애롭고 모범이 되는 보호자의 지위를 조화시키는 일은 목소리가 굵고 낮은 힘센 권위적 인물의 몫인지도 모른다.

우리는 임상적으로 이 단계의 결정적 장애가 초래하는 병리학적 결과를 알고 있다. 이것은 어떤 기본적 선택은 보장해주고 다른 영역에서의 고집은 금지하는 방식으로 아이의 자유를 규정하는 의식화가 실패한 데 따르는 결과이기도 하다. 또한 의식화를 통해 옳고 그름, 선과 악, 내 것과 네 것을 구분할 필요성을 받아들이는 것은 지나치게 강박적인 순종이나 강박적 충동성으로 악화될 수 있다. 한편 어른들은 강박적이거나 충동적으로 그리고 종종 무자비한 의식주의에 집착함으로써 그들 스스로 생산적인 의식화를 수행하지 못하고 있음을 보여주기도 한다.

이 단계는 의식화의 또 다른 중요한 원리가 확립되는 장이기도 하다. 나는 이를 **분별**(judicious) 단계라고 부른다. 이 단계에서 '법(law)'과 '말(word)'이 결합되기 때문이다. 타당한 말을 하는 인물을 받아들일 준비를 하는 것이 이 발달 단계의 중요한 측면이다. 범죄와 일탈의 법적 정의는 물론이고 자유 의지와 자기 결정의 문제에 깊이 몰두하는 인간의 개체발생학적 기원이 여기에 있다. 또한 개인의 행동의 자유를 법으로 규정한 제도들은 이 단계에 뿌리를 두고 있다. 우리는 이러한 의식들을 사법제도에서 볼 수 있다. 사법 제도는 법정이라는 공적인 무대에서 개인의 내적 삶과 유사한 드라마를 모두가 볼 수 있도록 한다. 양심이 그러하듯 법도 계속해서 우리를 지켜보고 있으며, 양심과 법은 죄지은 사람들에게 유죄를 선언함으로써 우리가 자유의 몸임을 선언한다. 그러므로 개체발생학적 발달에 뿌리를 박고 있는 분별력이라는 요소는 인간의 심리사회적 적응에서 또 다른 내재적 원리로 작용한다. 그런데 여기에는 의식주의의 위험이 도사리고 있기도 하다. 개인적 강박의 관료적 상응물이 바로 이 **법 만능주의**(legalism)—너무 관대하거나 너무 엄격한—이기 때문이다.

놀이기는 학령기 이전의 의식화가 종결되는 단계이다. 심리성적으로 말하면 놀이기에서 기본적인, 가족을 지배하는 오이디푸스 콤플렉스에 관련된 세 사람의 관계를 해결해야 한다. 물론 가족 밖에서 경험하는 집중적인 애착 관계는 그 사회의 학교 교육 방식이 어떠하든 아이가 학령기를 보낸 이후로 미루어진다. 한편 놀이기는 점점 커지는 주도성의 범위를 아이에게 맡겨 아이 스스로 의식화의 범위, 즉 장난감의 세계, 놀이를 함께하는 시공간을 개척하게 만든다. 장난감과 놀이는 가상의 상호 작용 속에서 과도한 정복욕과 그로 인한 죄책감을 흡수하는 경향이 있다.

놀이기에 이루어지는 의식화의 기본 요소는 **연극의**(dramatic) 유아기적 형태이다. 하지만 후성적 발달 도표는 연극적 요소가 신비성과 분별의 요소를 대체한다기보다 그것들과 결합한다는 점을 보여준다. 연극의 요소는 개체발생학적으로 추적할 수 있는 이후의 요소들, 즉 **공식적**(formal), **이념적**(ideological) 요소들을 예고하기도 한다. 성인의 의례(ritual)와 예식(rite)과 의식(ceremony) 가운데 어떤 것도 그러한 요소들 없이 이루어지지 않는다. 하지만 아이의 놀이에 부합하는 제도나 관습은 영화 또는 연극적 요소가 두드러진다. 여기에는 두려움이나 유머가 표현되기도 하고 극의 형식이 펼쳐지는 다른 무대(광장, 사원, 법정, 공원) 같은 연극적 요소들이 등장하기도 한다. 놀이기에 뿌리를 둔 의식주의의 요소에 대해, 나는 죄책감을 다른 곳으로 흘려보내는 독창적인 의식화의 방법이 부재하는 곳에서 이 요소들이 놀이의 주도성을 도덕적으로 억압하는 수단이 된다고 생각한다. 이를 가리키는 단어가 바로 **도덕주의**(moralism)이다.

놀이와 연극의 상관 관계를 살펴보면서, 연극의 주인공이기도 한 오이디푸스 왕의 유아기적 운명에 담긴 심리사회적 의미를 간단하게 언급하지 않을 수 없다. 우리는 유기체의 상태를 도표로 나타내면서, 성장하는 아이가 (신체 부위, 양상, 양태를 통해) 의미 있는 상호 작용을 시작할 때 맞닥뜨리는 수많은 **상대**들을 이제껏 간과해 왔다. 물론 공생 단계에서 모성적 인물은 **최초의 타자***에게 유아의 리비도가 달라붙는 것을 허용하는 한편 일종의 자기애—나르키소스는 이와 관련하여 다소 특별한 사례로 보인다.—를 허용함으로써 **기본적 신뢰**를 제공해준다. 우리는 이 기본적 신뢰를 가장 근원적인 동조적(syntonic) 태도로 다루게 될 것이다.

오이디푸스 콤플렉스의 '갈등' 상황, 즉 어머니를 영원히 소유하고 싶다는 강한 본능적 소망과 이로 인해 아버지에게 느끼는 질투와 증오는 원초적 양자 관계(dyad)가 아버지를 포함한 3인(triad) 관계로 발전하는 이 시기에 일어난다. 초기의 애착에 있는 이 심리성적 측면은 정신분석의 핵심 콤플렉스(core complex)를 구성한다. 그런데 여기에서 놀이의 상상력은 왕성하지만 신체적 가능성은 부족한 시기에 어머니를 소유하고 싶다는 소망이 가장 강렬해진다는 사실을 덧붙이지 않을 수 없다. 주요한 본능

* '타자(other)'라는 용어는 프로이트가 빌헬름 플리스에게 보낸 편지에서 쓴 것을 번역한 것인데(Freud 1887~1902년, Erikson 1955년), 프로이트는 이 편지에서 수신인인 플리스에게서 '타자(der Andere)'의 모습을 찾고 있음을 고백했다.

적 소망과 그로 인한 죄책감이라는 반응은, 유아기적 갈등이 가장 커지고 장난기가 가장 커지는 이 시기에 나타난다. 하지만 이 시기의 모든 상상 속 소망과 죄책감은 '잠복기'와 학령기를 거치는 동안 수면 아래로 가라앉는다. 그리고 청소년기의 성기기적 성숙이 나타나고 성적 대상에 대한 지향이 생겨나면서 오이디푸스 콤플렉스에 의한 유아기적 정복과 경쟁의 상상은 ('극장'과 개인적 세계는 물론이고 구체적인 지역과 광장을 지배하는) 이상화된 영웅과 지도자를 공유하는 또래 친구들끼리의 상상으로 연결된다. 이 모든 것에는 본능적 에너지가 부여되며, 사회 질서는 이 에너지를 지닌 새로운 세대에게 의지해야 한다.

여기서 우리는 모든 발달적 전개에서 또 다른 본질적인 속성에 주목해야 한다. 성장하는 존재가 학교를 졸업하고 더 큰 집단에서 새로운 역할을 맡는 한편 상대하는 사람들의 범위가 점차 넓어지면서 양자 또는 3인의 기본적 구성은 이후의 사회적 상황에서 새로운 표상을 찾을 것을 요구받는다. 우리에게는 이렇게 재현되는 관계의 양상을 단순히 생애 초기 공생 관계로의 고착이나 퇴행의 상징으로 여길 권리가 없다. 이는 오히려 초기의 관계가 더 높은 발달 수준에서 후성적 발생 반복(recapitulation)을 거치며 그 수준의 지배적 원리와 심리사회적 요구에 순응하는 것으로 보는 게 타당하다. 청소년기의 이념적 탐색이나 성인기의 특징인 생산적 공동성(generative communality)의 맥락에서 카리스마적이거나 신성한 이미지는 '단순히' 최초의 '타자'를 상기시키는 것이 아니다. 피터 블로스(Blos, 1967년)의 말처럼 그것은 '발달에 이바지하는 퇴행'이다.

이제 놀이와 세대 간 후성적 발달의 의미를 다룬 이 장(章)의 결론을 내리고자 한다. 놀이에 대한 정신분석의 초기 이론은 에너지의 개념, 즉 '카타르시스(cathartic)' 이론을 따랐다. 이 개념에 따르면, 놀이는 억눌린 감정을 해소하고 과거의 좌절을 완화할 방법을 찾는 유년기의 기능이라 할 수 있다. 놀이에 대한 또 하나의 그럴듯한 설명은, 아이는 장난감을 다루고 통제하면서 실제 삶에서 자신을 짓누르는 어려움을 통제할 수 있다는 상상을 한다는 것이다. 특히 프로이트에게 놀이는 강요된 수동성이 상상의 활동으로 전환된 것이었다. 발달의 관점에서 나는 한때 신체 감각을 매개로 한 **자기 영역**(autosphere) 놀이, 장난감을 이용한 **미시 영역**(microsphere) 놀이, 그리고 타자와 함께하는 **거시 영역**(macrosphere) 놀이를 가정한 적이 있다. 장난감을 가지고 노는 미시 영역 놀이가 아이로 하여금 위험한 소망과 주제를 솔직하게 표현하도록 만들고 매우 흥미롭게도 이러한 표현이 불안과 갑작스러운 **놀이 붕괴**(play disruption)를 일으킬 수 있다는 사실을 관찰한 결과는 임상적 놀이 연구에 큰 도움이 되었다. 사실

미시 영역에서 두려움이나 좌절감을 느낀 아이는 비현실적인 상상, 엄지손가락을 빠는 행동, 자위행위 등을 통해 자기 영역으로 퇴행할 수도 있다. 하지만 타인과 공유하는 사회적 무대인 거시 영역을 손에 넣은 아이는 놀이를 통해 어떤 태도가 다른 사람들과 공유될 수 있는지, 그리고 그들이 지켜야 하는 규칙이 무엇인지를 학습해야 한다. 여기에서 인간의 위대한 발명이라 할, 공격적인 목표와 공정한 규칙을 결합한 운동 경기의 중요성이 커진다. 이처럼 놀이는 후성적 발달의 주요 경향이 확장과 발달을 거듭하는 방식의 좋은 예이다. 놀이는 모델 상황을 스스로 만들어봄으로써 실제 경험을 다루고 실험과 계획을 통해 현실을 통제하는 능력의 유아기적 형태이며, 바로 여기에 놀이가 지닌 의식화의 힘이 있다. 이러한 능력은 성인이 사고(思考)라고 불리는 자기 영역의 활동을 시작하면서 과거의 경험과 미래의 과업을 가지고 자신의 역할을 수행하는 단계에도 중요하다. 하지만 이보다 더 중요한 것은 ('연극'과 소설 같은) 공개적인 극화는 물론이고 실험실이나 제도판 위에 모델 상황을 구성할 때에도 우리가 바로잡고 공유한 과거라는 유리한 관점에서 미래를 창의적으로 예측함으로써 실패를 만회하고 희망을 강화한다는 것이다. 이를 통해 우리는 현대의 문화적 · 과학적 · 기술적 상황에 의해 주어진 문제들—그것이 장난감이든 우리의 사고방식이든 아니면 자연의 물질이거나 고안된 기술이든—을 수용하고 그것들을 다뤄 나가는 법을 배워야 한다.

후성적 발달 이론은 우리가 놀이와 일을 상호 배타적으로 하지 않는다는 사실을 강조한다. 발달 초기의 놀이에도 진지한 일의 요소가 있으며, 성숙한 형태의 놀이에도 일에 담긴 진지함이라는 요소가 있다. 그런데 성인에게는 놀이와 계획의 능력을 파괴적인 목적에 사용할 수 있는 힘이 있다. 놀이는 거액의 도박이 될 수 있으며, 자신에게 이익이 되는 행동이 타인의 이익을 짓밟을 수도 있다.

하지만 놀이기와 관련된 이 모든 주제들—죄책감에 억눌린 주도성, 장난감을 통해 물질화된 비현실적 상상, 심리사회적으로 공유되는 놀이 공간 그리고 오이디푸스의 전설—은 우리에게 또 다른 주제를 상기시킨다. 그것은 가장 사적인 무대, 바로 꿈이다. 꿈을 언어화하고 분석하면서 우리는 엄청나게 많은 것을 알게 되었다. 심리사회적 설명을 다루는 이 책은 꿈이라는 주제를 우회할 수밖에 없다. 다만 지금까지는 주로 '잠재된' 숨겨진 내용의 측면에서 연구되어 온 꿈이 양상과 양태를 '분명히' 드러낸다는 측면에서 활용 가치가 매우 높다는 점은 지적해 두고자 한다.(Erikson, 1977년)

양태, 양상, 의식화 그리고 놀이 같은 심리사회적 발달의 기본 요소들을 유년기의 진행을 따라 살펴보면서 나는 다시 한번 아이의 전성기기적 발달이 고유한 본능적 에너지에서 비롯된다고 보는 심리성적 이론으로 돌아가려 한다.

심리성적 이론은 양성의 성기기적 성적 능력의 상호 의존성이 전성기기적 발달의 목표라고 설명한다. 이 이론은 성인의 신체적 성숙을 중시하며, 특히 신체적 성숙에 도달한 성인이 신경증으로부터 자유로워지는 것을 중요하게 여긴다. 하지만 이 리비도가 무엇이든 그것이 심리사회적 발달로 전환되는 일은 다음 세대의 과제와 상호 작용하려는 성인의 헌신과 의욕 없이는 이루어지지 않는다. 그러므로 진정으로 완결된 심리성적 이론의 논리는, 본능에서 비롯된(instinctual) 생식이나 자녀와의 상호 작용을 향한 욕동이 인간의 본성에 내재하며 그것은 새끼를 낳고 돌보는 동물의 본능적(instinctive) 행동에 상응하는 것으로 보아야 한다고 주장한다.(Benedek, 1959년) 이에 따라 우리는 〈도표 1〉의 A열에 생식 단계를 괄호 안에 넣으면서 이것이 (B열의) 본능에서 비롯된 생산력이라는 심리사회적 단계와 상응하도록 했다.

나는 1979년 뉴욕에서 열린 국제 정신분석 회의(International Psychoanalytic Congress)의 강연에서, **오이디푸스 왕**이 단순히 성기기적 범죄를 저질렀다는 이유로 비난받은 게 아님을 지적함으로써 이 주제의 보편성을 설명했다. 오이디푸스는 흔히 '자기 자신의 씨가 뿌려진 땅을 갈았다(Knox, 1957년)'고 일컬어지며, 모든 테바이 땅이 불모지로 변하고 여성들이 불임을 겪게 된 것은 그로 인한 결과였다.

하지만 나는 피임이 보편화된 시대에 생식의 심리성적 측면을 강조하는 것이 (비윤리적이라고까지는 할 수 없더라도) 대단히 모순적으로 보일 수 있음을 인정한다. 그렇더라도 (빅토리아 시대에 그랬던 것처럼) 심리성적 환경의 급격한 변화가 불러오는 위험성을 지적하고 이에 더하여 임상 연구를 거쳐 그러한 변화가 초래하는 결과를 인식하는 것은 정신분석의 과제이며 그것은 앞으로도 마찬가지일 것이다. 예컨대 오늘날의 환자들에게서 관찰되는 것처럼 '자기 자신'에 대한 지나친 관심은 생식에 대한 소망을 억압하고 그로 인한 상실감을 부정하는 데서 비롯되었는지도 모른다. 물론 발병을 억제하는 대안은 늘 있다. 그것은 **승화**(sublimation), 즉 리비도의 힘을 심리사회적 상황에 사용하는 것이다. 이는 오늘날 가정이나 학교 혹은 말 그대로 '발달의 초기 단계인' 지역에서 자신의 '생물학적인' 자녀가 아닌 아이들을 돌보는 이들을 떠올려보면 쉽게 이해할 수 있다. 아울러 **생산력**(generativity)은 세대를 잇는 봉사를 통해 **생산성**(productivity)과 **창조성**(creativity)으로 역동적으로 변화할 가능성이 있다.

3장

심리사회적 발달의 주요 단계

심리사회적 발달 이론의 도표와 용어

인간이 일생 동안 거치는 심리사회적 단계들을 다시 설명한다는 것은 조앤 에릭슨과 내가 처음 이름 붙인 용어들에 책임을 진다는 뜻이 될 것이다. 그 용어들에는 희망, 충실성, 배려 같은 미심쩍은 단어들도 포함되어 있는데, 우리는 생애 발달의 중요한 세 단계에서 동조적(syntonic) 경향과 이조적(dystonic) 경향이 충돌하면서 나타나는 심리사회적 덕목들을 가리킬 때 이 단어들을 썼다. 그러니까 '희망'은 유아기의 기본적 신뢰 대 기본적 불신의 안티테제에서 나오며, '충실성'은 청소년기의 정체성 대 정체성 혼란에서, '배려'는 성인기의 생산력 대 자기 도취에서 나타난다.(여기서 '대vs.'는 'versus'를 뜻하지만 그 경향들의 상보성을 고려하면 '역의 성립vice versa'을 뜻한다고도 볼 수 있다.) 길게 보았을 때 이 용어들은 대부분 궁극적으로 한 세대의 주기를 시작하는 어린 개인과 주기를 마무리하는 성인의 '자격'을 기본적 특질로 나타낸다는 점에서 생소해 보이지는 않을 것이다.

널리 쓰이는 우리의 용어들과 관련하여, 나는 고인이 된 정신분석 이론가 데이비드 래퍼포트를 인용하려 한다. 래퍼포트는 나에게 자아심리학에서 확고한 지위를 부여하려고 노력하면서, 자신의 독자들에게 이렇게 충고했다. "에릭슨의 이론은 (프로이트의 이론 대부분이 그렇듯이) 현상학적, 특히 임상적 정신분석 심리학의 진술들을 폭넓게 아우르고 있으며 그러한 진술들을 체계적으로 구분하지 않는다. 따라서 이 이론에 등장하는 용어들의 개념적 지위는 아직 불명확하다."(Rapaport, 1959년) 이 책의 독자들은 래퍼포트가 무슨 말을 하려 했는지 알 것이다. 하지만 발달하는 자아들과 그 자아들이 속한 공동체의 에토스를 이어주는 것이 곧 의식화(ritualization)라는 주장을 받아들인다면, 현재 쓰이는 살아 있는 언어는 의식화의 가장 두드러진 형태로 간주해야 마땅하다. 살아 있는 언어는 의식화된 상호 작용에 의해 전달되는 가치들 가운데 문화적으로 특수한 것과 보편적으로 인간적인 것을 모두 표현하기 때문이다. 따라서 우리가 인간의 덕목이라는 현상에 접근할 때, 여러 세대를 거치며 무르익은 살아 있는 언어의 일상적 표현들은 담론의 토대로 가장 유용하게 쓰일 것이다.

더 구체적으로, 발달을 고려하여 유아기, 청소년기, 성인기라는 중요한 단계에서 나타나는 인간의 덕목 혹은 자아의 특질로 각각 **희망**(hope), **충실성**(fidelity), **배려**(care)를 거론한다면, 이것들이 **소망**(hope), **믿음**(faith), **사랑**(charity) 같은 주된 종교적 가치와 일치한다는 사실은 (비록 이를 알아차리면 놀랄 수밖에 없지만) 그리 놀랍지 않다. 물론 정신분석을 공부한 의심 많은 독자들은 여기서 어느 오스트리아 황제의 일화를 떠올릴 것이다. 황제는 화려한 바로크 양식의 기념비 모형을 살펴봐 달라는 요청에 위엄 있게 이렇게 선언했다. "왼쪽 하단 모서리 부분에 믿음, 소망, 사랑이 조금 더 필요하노라." 전통적으로 입증된 이러한 가치들은 최고의 종교적 열망을 가리키기도 하지만 사실은 인간의 덕목을 이루는 발달의 근본 원리와 처음부터 연결되어 있었음에 틀림없다. 따라서 서로 다른 전통과 언어에서 이와 같은 유사성을 찾아보는 것은 매우 유익할 것이다.

한 세대의 주기에 관해 이야기를 나누면서 나는 인도의 정신분석가이자 작가인 수디르 카카르(Sudhir Kakar)에게 '배려'에 해당하는 힌디어 단어가 무엇인지 물었다. 그는 한 단어로 표현하기는 힘들 것 같다면서, 다만 인도에서 성인(成人)은 Dāma(절제), Dana(자비), Daya(연민)를 실천함으로써 자신의 과업을 완수해야 한다고 말했다. 나는 이 세 단어가 영어의 일상적인 표현으로는 '신중함(to be care-ful)', '보살핌(to take care of)', '관심(to care for)'으로 번역될 수 있겠다고 대답했다.(Erikson, 1980년)

그런데 후성적 발달의 관점에서 제시된 발달 사다리가 이 단계들을 어떻게 배열하고 있는지 여기서 〈도표 2〉를 살펴볼 필요가 있다. 이 책에서 나는 심리사회적 발달 단계들에 대한 논의를 "처음부터 다시 시작"하기보다 노년기에서부터 아래로 내려오는 쪽을 택했기 때문에, 먼저 사다리 전체를 한눈에 훑어보는 것이 중요해 보인다. 덕목의 목록을 완성하기 위해 우리는 희망과 충실성 사이에 (주요 발달 단계들과의 확고한 관계 속에서) **의지**(will), **목적의식**(purpose), **역량**(competence) 단계를 상정했고, 충실성과 배려 사이에는 **사랑**(love)의 단계를 상정했다. 또 우리는 배려 위에 **지혜**(wisdom)라는 단계를 상정하기도 했다. 하지만 이 도표는 수직 방향으로 각각의 단계가 ('지혜'까지도) 앞선 모든 단계들에 토대를 두고 있음을 분명히 보여준다. 한편 수평 방향으로 이들 덕목의 성숙은 (그리고 심리사회적 위기는) 더 높은 단계와 현재 발달 중인 단계의 덕목은 물론이고 '아래쪽에 있는' 이미 발달한 단계들에도 새로운 의미를 부여한다. 이 점은 아무

〈도표 2〉

노년기	Ⅷ								자아 완성 대 절망, 경멸. **지혜**
성인기	Ⅶ							생산력 대 침체. **배려**	
청년기	Ⅵ						친밀 대 고립. **사랑**		
청소년기	Ⅴ					정체성 대 정체성 혼란. **충실성**			
학령기	Ⅳ				근면성 대 열등감. **역량**				
놀이기	Ⅲ			주도성 대 죄책감. **목적의식**					
유년기 초기	Ⅱ		자율성 대 수치심, 의심. **의지**						
유아기	Ⅰ	기본적 신뢰 대 기본적 불신. **희망**							
		1	2	3	4	5	6	7	8

리 반복해서 이야기해도 지나치지 않다.

한편 우리가 발견한 후성적 원리가 심리사회적 현상의 전체적 배치를 설명하는 데 과연 얼마나 쓸모가 있는지 충분히 의문을 품을 수 있다. 사회적 과정을 체계화하기 위해 신체적 과정의 설명 방식을 그대로 옮긴 것은 아닌지 의심할 수도 있다. 이 의문에 대해, 모든 생애 단계는 성격 발달의 정신적 과정과 사회적 과정의 윤리적 힘에 의지하지만 신체적 과정에 항상 '연결되어' 있다고 답해야 할 것이다.

그러면 이제 이 사다리의 후성적 성격이 모든 용어들에 나타나는 특정한 언어적 일관성에 반영되어 있으리라고 기대할 수 있다. 실제로 **희망**, **충실성**, **배려** 같은 단어들은 발달과 관련된 의미를 확증하는 듯한 내적 논리를 갖추고 있다. 희망은 '(뭔가 좋은 일을) 기대하는 욕구'이며, 확실한 기대를 불러일으키는 경험에 토대를 둔 어렴풋한 본능적 욕동이라 할 수 있다. 이것은 또한 이 첫 번째 기본 덕목과 자아 발달의 뿌리가 발달에서 최초의 안티테제, 즉 **기본적 신뢰 대 기본적 불신**에서 생겨난다는 우리의 가정에도 잘 들어맞는다. 언어의 함축적 의미와 관련하여, 희망(hope)은 도약한다는 뜻의 'hop'과 관련이 있어 보인다. 그리고 우리는 플라톤이 어린 동물의 도약을 모든 장난스러움의 모델로 생각했다는 사실을 항상 최대한 활용해 왔다. 어쨌든 희망은 상상 또는 사소하지만 주도적인 행동으로 미래에 자유롭다는 느낌을 부여하는데, 그러한 느낌은 기대감과 도약을 불러일으킨다. 그리고 그러한 도전은 반드시 있어야 하는 신뢰감이라는 의미에서 기본적 신뢰에 토대를 두어야 한다. 기본적 신뢰는 말 그대로 그리고 비유적으로도 모성적 보살핌(care)에 의해 길러져야 하고, 극심한 불편함에 위협받을 때에는 충분한 위안(독일어로는 Trost)을 받아 회복되어야 한다. 이에 상응하여, **배려**는 무력함에서 나오는 좌절의 신호를 '마음에 간직하고' '어루만지려는' 본능적 충동으로 드러난다. 만일 유년기와 성인기 중간에 위치하는 청소년기에 **충실성**(fidélité, fedeltà)이라는 덕목이 출현한다고 가정하면, 이것은 단순히 타인을 (그리고 자기 자신을) 신뢰하는 능력이 더 높은 수준에서 재개되는 데 그치는 것이 아니라 자신이 믿을 만한 존재이며 자신의 충실성(독일어로는 Treue)을 어떤 관념적 명분에 바칠 수 있다고 주장하는 것이기도 하다. 반면 확고한 충실성이 부족하면 자신 없음이나 반항 같은 징후적 태도를 보이거나 또는 그러한 태도를 지닌 패거리나 명분에 집착하는 결과를 낳을 수 있다. 이처럼 신뢰와 충실성은 후성적으로는 물론이고 언어적으로도 관련이 있으며, 실제로 우리는 청소년기에 있는 병든 젊은이들이 다시 도약할 수 있는 발판인 초기의 **희망**을 되찾기 위해—희망을 완전히 잃지 않았다면—다소 의도적으로 가장 초기의 발달 단계로 퇴행하는 모습을 목격할 수 있다.

그런데 믿음, 소망, 사랑 같은 보편적 가치에 담긴 발달의 논리를 지목하는 것은 그 가치들을 유아기적 기원으로 축소한다는 의미가 아니다. 오히려 이것은 다음 두 가지에 대한 우리의 성찰을 요구한다. 첫 번째는 막 생겨나는 인간적 덕목들이 치료적 통찰을 끊임없이 요구하는 심각한 취약함에 어떻게 포위되어 있는지에 대해서다. 두 번째는 보편적 신념 체계와 이념의 보완적 가치를 요구하는 기본적 안티테제들이 새로운 덕목을 어떻게 괴롭히는지에 대해서다.

이에 우리는 얼마간 용기를 내어 심리사회적 단계들을 제시해보려 한다. 앞에서 말했듯이 이번에는 마지막 단계 즉 〈도표 2〉의 맨 윗줄에서부터 시작할 것이다. 이것은 단순히 방법론적으로 역순을 밟는 데 그치지 않고 우리가 만든 도표에 담긴 논리를 심화하는 작업이 될 것이다. 이미 언급했듯이 이 도표를 읽으려면 수평과 수직 방향으로 모든 단계가 이전 단계의 상태 혹은 이후 단계의 요구를 분명히 보여주는 형태로 발달상 관련되어 있음을 이해해야 한다. 그리고 이것은 확실히 지금 우리 시대에 새롭게 주의와 관심을 기울여야 하는 발달 단계를 먼저 살펴봄으로써 가능할 것이다.

발달의 마지막 단계—노년기

우리는 노년기의 주된 안티테제이자 마지막 위기의 주제를 **자아 완성 대 절망**이라고 명명했다. 도표에서 맨 윗줄이 인간에게 주어진 삶의 경로에서 (언제, 어떤 식일지 예측할 수 없는) 최종 단계를 나타낸다는 사실을 고려하면, 여기에서는 이조적 요소('절망')가 더 설득력 있어 보일지 모른다. 그러나 자아 완성은 독특한 요구를 전한다. 그것은 바로 우리가 이 마지막 안티테제에서 무르익을 것이라고 가정하는 덕목인 **지혜**다. 우리는 지혜를 오래된 격언에서 표현하는 것처럼 "죽음 앞에서 삶 자체에 세련되고 초연하게 관심을 두는 것"이라고 묘사했다. 게다가 지혜는 구체적이고 일상적인 문제들의 핵심을 가장 단순하게 짚어준다는 점에서 여전히 현실성이 있다. 그런데 또 한편으로 지혜의 상반된 특성에는 다소 적나라한 **경멸**(disdain)—모든 게 끝나 혼란스럽고 어찌 해볼 도리가 없는 상태에서 경험하는 (그리고 그런 사람을 바라볼 때 경험하는) 느낌에 대한 반응—이 있다.

이와 같은 최종적인 상반 요소들을 살펴보기 전에 모든 발달, 특히 모든 발달 이론의 역사적 상대성을 다시 한번 깊이 생각해볼 필요가 있다. 이 마지막 단계를 생각해보자. 우리는 아직 '중년'이었을 때 이 단계를 고안했다. 그때만 해도 우리는 스스로 정말로 늙었다고 상상할 의사가 (혹은 그럴 능력이) 전혀 없었다. 불과 수십 년 전 당시에 노년의 이미지는 지금과 많이 달랐다. 사람들은 '노인'이라는 단어에서 여전히 생애 단계에 주어진 과제에 맞추어 조용히 살아가고 위엄 있게 죽음을 맞는 법을 아는 소수의 현명한 사람들을 떠올릴 수 있었다. 그런 노인들이 살아가는 문화에서 장수는 하늘이 내려준 축복이자 소수에게만 허락된 특별한 은혜였다. 하지만 이제 그 수가 꽤 많고 갈수록 빠르게 늘고 있으며, 꽤 젊어 보이는 그저 '나이 지긋한 연장자들'이 노년을 대표하게 된 지금도 여전히 그런 의미가 담겨 있을까? 다른 한편으로, 전통적인 기지와 지혜를 밀어낸 우리 시대의 증류된 지식을 따라 한때 우리가 알았던 노년의 의미를 버려도 되는 것일까?

분명히 노년의 역할을 다시 관찰하고 재고할 필요가 있다. 이를 위해 우리의 도표를 여기서 재검토하는 것이 도움이 될 것이다. 도표에서 노년기는 어디에 자리 잡고 있는가? 노년기는 연대기적으로 오른쪽 맨 위에 있으며, 여기에 있는 마지막 이조적 요소는 **절망**이다. 도표 왼쪽 맨 아래 첫 번째 단계의 동조적 요소가 **희망**이었음을 떠올려보자. 적어도 에스파냐어로 이 두 단어는 **esperanza**(희망)와 **desesperanza**(절망)로 이어져 있다. 사실 어떤 언어에서든 희망은 '나'임('I'-ness)의 가장 기본적인 특질을 의미한다. 희망 없이 삶은 시작될 수도 없고 의미 있는 끝을 맞을 수도 없다. 왼쪽 맨 위의 빈 칸으로 올라가면서 우리는 희망의 최종적인 형태를 나타낼 수 있는 단어가 필요하다는 것을 깨닫는다. 그리고 제일 아랫줄에서 수직 방향으로 성숙해진 희망이 마지막으로 들어갈 자리에는 **믿음**(faith)이라는 단어가 떠오른다.

만일 생애 주기가 마지막에 이르러 다시 처음으로 돌아간다면 성숙해진 희망은 어떤 흔적으로든 남아 있을 것이며, 그것은 인간의 모든 특질들 가운데 가장 아이다운["너희가 돌이켜 어린아이들과 같이 되지 아니하면……"(마태복음 18장 3절)] 특질이 희망임을 확증해주는 다양한 형태의 믿음일 것이다. 사실 생애의 마지막 단계는 첫 번째 단계에 큰 영향을 끼치는 것으로 보인다. 지속 가능한 문화에서 자라나는 아이들은 노인들과 만나면서 고유한 방식으로 신중하고 사려 깊은 품성을 기르게 된다. 우리는 원숙한 노년기가 예상과 계획이 가능한 '평균적으로 기대할 수 있는' 경험이 될 미래에 이와 같은 두 세대의 관계가 어떻게 될지, 그리고 어떻게 되어야 할지를 깊이 생각해보아야 한다. 평균 수명의 연장 같은 시대적 변화에 따라 실행 가능한 재의식화(reritualization)가 요구된다. 재의식화는 정리할 시간이 유한하다는 의식(意識)과 죽음에 대한 좀 더 능동적인 준비는 물론이고, 시작과 끝 사이의 의미 있는 상호 작용을 제공해주어야 한다. 이 모든 것을 위해 **지혜**는 여전히 유효한 단어로 남을 것이며, 우리는 **절망** 역시 그럴 것이라고 생각한다.

다시 한번 오른쪽 맨 위로 돌아가서 대각선 방향으로 한 줄 아래에 있는 **생산력** 단계를 되짚어보려 한다. 그런데 후성적 원리를 설명하면서 우리는 '다음'이 앞선 단계의 상실이 아니라 앞선 단계에 후행하는 이형(異形)을 뜻한다고 말했다. 사실 노인들은 손자 세대에 대한 생산적 기능을 원숙하게 지속할 수 있고 그래야 할 필요도 있다. 오늘날 질서의 붕괴로 인한 가족 간의 단절이 노인들이 진정으로 충만한 삶을 살아가는 데 꼭 필요한 최소한의 참여를 가로막고 있다는 데는 의심의 여지가 없다. 그리고 필수적인 참여 부족이라는 문제는 노인들을 심리 치료로 내모는 명시적인 증상들 이면에 감춰진 지나간 시절에 대한 그리움이라는 주제와 종종 연결되는 것 같다. 사실 '절망'의 많은 부분은 이전 단계의 '침체'가 지속되는 것이다. 이 때문에 일부 노인들은 일부러 치료를 연장하려고 애쓰는 경우도 있다고 알려져 있다.(King, 1980년) 이런 노인들에게 나타나는 새로운 증상은 단순히 이전 단계로 퇴행하는 것으로 오인되기 쉽다. 특히 노인들이 박탈당한 시간과 줄어든 공간에 탄식할 뿐만 아니라, (도표의 맨 윗줄을 따라 왼쪽에서 오른쪽 방향으로) 약화된 자율성,

잃어버린 주도성, 사라진 친밀성, 홀대받는 생산력—무시당하는 정체성 혹은 너무나 제한적인 과거의 정체성은 말할 것도 없고—을 한탄할 때 그러하다. 앞에서 우리는 이 모든 것이 '발달에 이바지하는 퇴행'(Blos, 1967년), 즉 말 그대로 **특정 연령대에 한정된 갈등**의 해결책을 찾는 과정일지도 모른다고 말한 바 있다.

우리는 마지막 장에서 이 질문들로 돌아올 것이다. 여기서 강조하고 싶은 것은 모든 특질들이 노년에 새로운 가치를 지니게 된다는 점이다. 우리는 그러한 가치들을—그것들이 건강하든 병리적이든 간에—이전 단계가 아닌 노년기 자체의 맥락에서 검토할 것이다. 좀 더 존재론적인 측면에서, 마지막 단계에서 신경증적 **불안**으로부터 상대적으로 자유롭다는 것이 반드시 죽음의 **공포**에서 벗어났음을 의미하지는 않는다. 마찬가지로 유아기의 죄책감을 잘 이해한다는 것이 각자의 삶에서 나름의 방식으로 경험되는 **악**에 대한 느낌마저 없애는 것은 아니며, 가장 잘 정의된 심리사회적 **정체성**도 실존하는 '나'를 대체하지는 못한다. 요컨대 더 잘 기능하는 자아는 인식하는 '나'와 동떨어져 만들어지지 않는다. 사회적 에토스 역시 종교적, 정치적 이념들이 예언적으로 내놓는 전망들에 대한 책임을 피해서는 안 된다.

우리가 내린 심리사회적 결론에 대한 검토를 마무리하자면, 지혜의 상반 요소인 '경멸'은 어느 정도는 (다른 모든 상반 요소와 마찬가지로) 인간의 약점과, 악행과 기만의 파괴적 반복성에 대한 자연스럽고도 필수적인 반응으로 인식되어야 한다. 사실 '경멸'은 간접적인 파괴와 어느 정도 은폐된 자기 경멸의 위험이 있을 경우에만 전적으로 거부된다.

노년의 양식에 맞는 마지막 의식화는 무엇일까? 나는 **철학적**(philo-sophical, '지혜에 대한 사랑') 의식(儀式)이라고 생각한다. 철학적 의식은 신체와 정신이 무너지는 중에도 일정한 질서와 의미를 유지하며 지혜 속에 있는 변치 않는 희망을 옹호할 수 있기 때문이다. 이에 대응하는 위험은 **독단주의**이다. 독단주의는 강박적인 의사(擬似) 자아 완성이라 할 수 있는데, 과도한 힘과 결합할 때 고압적인 신념이 될 수 있다.

그러면 (초로기) 노년의 최종적인 심리성적 상태는 어떻다고 할 수 있을까? 나는 그것을 **관능의 일반화 양태**로 설명할 수 있다고 생각한다. 비록 신체 기능이 떨어지고 성기 성욕의 에너지가 감소하더라도 관능의 일반화는 신체적, 정신적 경험을 더 풍요롭게 촉진할 수 있다. (이처럼 리비도 이론을 확장하는 데는 더 많은 논의가 필요하며, 이 때문에 〈도표1〉에서 이 부분은 괄호로 제시했다.)

이제 마지막 단계의 주요한 동조적 특질인 **자아 완성**으로 돌아왔다. 자아 완성은 가장 단순한 의미로 **일관성**(coherence)과 **완전함**(wholeness)에 대한 의식을 뜻한다. 그리고 이 의식은 세 개의 조직화 과정 모두에서 **연결 고리의 상실** 같은 절망적 상황에서는 극단적인 위험에 놓이게 된다. **신체**의 조직화 과정에서 세포, 혈관, 근육계를 연결시키는 활기찬 상호 작용이 약화되고, **정신**의 조직화 과정에서 과거와 현재의 경험에 대한 기억의 일관성이 점차 사라지며, **에토스**의 조직화 과정에서는 생산력의 상호 작용을 책임지는 기능이 갑작스럽게 그리고 거의 완전히 소실될 위험에 놓인다. 이때 필요한 것을 간단히 '완결성(integrality)'이라고 부를 수 있다. 완결성은 모든 것을 한데 모으는 경향을 가리킨다. 사실 우리는 노년기에 잠재적 절망에 맞서는 방어 수단으로 의사(擬似) 통합이라 할 수 있는, 과거에 대한 신화화가 일어남을 인정해야 한다.(물론 그러한 방어 수단은 도표의 대각선 방향을 지배하는 동조적 특질들로 이루어져 있다.) 하지만 우호적인 조건에서 이전 단계들의 통합이 완수될 수 있도록 하는 인간의 잠재 능력도 감안해야 한다. 이에 따라, 우리의 도표도 맨 오른쪽 행을 수직 방향으로 올라가는 자아 완성의 점진적 성숙을 감안한 것이다.

이제 자아 완성을 처음 정식화했을 때 우리가 이 모든 것을 배열했던 방식을 다시 한번 살펴보자. 어떤 면에서 노인들이 다시 어린아이와 같아진다고 할 때, 문제는 이 '방향 전환'이 지혜를 품은 아이다움을 향하느냐 아니면 한계가 분명한 유치함을 향하느냐에 있다.(노인들은 너무 빨리 늙거나 너무 오랫동안 너무 젊은 상태로 남아 있을 수 있으며, 그렇게 되기를 바랄 수도 있다.) 바로 이때 오로지 자아 완성의 의식(意識)만이 모든 것을 통합할 수 있다. 여기서 자아 완성이란 한 개인이 지닌 탁월한 특질을 의미할 뿐 아니라 삶을 통합하는 방식을 잘 아는 소수의 사람들을 이해하고 그들의 목소리를 '들을' 줄 아는 공동체적 경향을 의미하기도 한다. 그들의 단순한 행위와 말에서 드러나듯, 자아 완성은 서로 동떨어진 시간들과 각자의 다양한 추구들을 정리하는 방식과도 밀접하게 관련되어 있다. 그런데 여기에서 소수의 '타자들'에 대한 영원하고 특별한 사랑도 생겨난다. 이 타자들은 노인들이 살아온 인생의 중요한 대목에서 주요한 역할을 해준 사람들이다. 한 개인의 삶은 그저 하나의 생애 주기와 역사의 한 조각이 마주치는 곳에 있지만, 인간의 자아 완성은 각자가 취하는 자아 완성의 방식에 따라 결과가 달라진다.

세대 간의 연결 고리—성인기

맥락상 허용되는 범위 안에서 생애 주기의 마지막 단계에 대한 재검토를 마치며 나는 '실제적인' 단계, 즉 두 생애 단계를 이어주는 단계이자 세대의 주기 그 자체인 단계를 자세히 설명할 필요성을 절실히 느꼈다. 이 절실한 필요성은 죽음을 앞둔 어느 노인의 일화에 가장 잘 나타나 있는 것 같다. 노인이 눈을 감은 채 누워 있는 동안 그의 아내는 마지막 인사를 하려고 모인 가족들의 이름을 하나하나 그에게 속삭여주었다. 그러자 노인이 자리에서 벌떡 일어나 말했다. "그럼 가게는 누가 지키고?" 이 이야기는 인도인들이 '세상의 유지'라고 부르는 성인기의 정신을 잘 보여준다.

우리가 가정한 성인의 두 단계 즉 성인기와 청년기는 청소년기와 노년기 사이에 있을 수 있는 모든 하위 단계들을 배제하는 것이 아니다. 우리는 다른 연구자들이 제안한 더 세부적인 단계들을 인정하지만, 여기에서는 도표의 보편적 논리를 전달하기 위해 우리의 결론을 되풀이하고자 한다. (우리가 검토한 범위 안에서) 이 보편적 논리는, 이후 단계들에 빠져서는 안 될 발달이 바로 전 단계에서 반드시 이루어져 있다는 것이 입증되어야 함을 의미한다. 그러한 모든 단계들에 적용되는 연령대와 관련해서는, 모든 필수적인 조건들을 감안할 때 발달상의 특질이 상대적인 우위와 유의미한 위기에 도달할 **수 있는** 최초의 시점과, 전반적인 발달을 위해 해당 단계의 특질이 다음 단계의 특질에 우위를 넘겨줄 **수밖에 없는** 마지막 시점 사이에서 그 범위가 정해진다고 보는 것이 타당하겠다. 이러한 승계 과정에서 연령대의 범위가 다소 넓어질 수는 있지만 단계의 순서는 결코 바뀌지 않는다.

우리는 성인기(제7단계)에 **생산력 대 자기 도취와 침체**라는 중요한 안티테제를 할당했다. 우리는 생산력(generativity)이 **생식력**(procreativity), **생산성**(productivity) 그리고 **창조성**(creativity)을 포괄한다고 말했다. 또 생산력은 지속적인 정체성 발달과 관련된 일종의 자기 생성(self-generation)을 비롯하여, 새로운 성과물과 관념은 물론이고 새로운 존재들의 세대를 모두 아우른다. 한편 침체감은 생식력이 활성화되지 않은 개인들을 완전히 압도하지만, 생산성과 창조성이 매우 높은 사람들에게도 결코 낯설지 않다. 이 안티테제에서 생겨난 새로운 '덕목'인 **배려**는 자신이 **관심을 가져야**(care for) 할 사람들과 성과물, 관념들을 **살피는**(take care of) 일에 대한 폭넓은 헌신을 뜻한다. 유아기부터 청년기까지 이전의 발달 단계에서 생겨난 모든 덕목들(희망과 의지, 목적의식과 역량, 충실성과 사랑)이 다음 세대에게서 그러한 덕목들을 길러내야 하는 세대의 책무에 필수적이라는 사실이 이제 면밀한 연구로 입증되고 있다. 사실 인간 삶에서 (지켜야 하는) '가게'는 바로 이것이다.

우리는 생식력이 성기 성욕의 단순한 부산물에서 한 걸음 더 나아간 것이 아닐까 자문했다.(1980년) 모든 성기기적 만남은 생식 기관을 흥분시키고 원칙적으로 임신으로 이어질 수 있기 때문에 생식에 대한 심리생물학적 욕구를 무시해서는 안 될 것이다. 어쨌든 육체와 정신으로 만날 누군가를 찾는 일에 몰두할 수 있는 (앞선 **친밀 대 고립**의 단계에서 얻은) 능력은 흔히 상호 이해 관계의 확대로 이어지며 그들이 함께 낳고 돌보는 자녀들에 대한 리비도의 투입으로 이어진다. 생산력을 다양한 형태로 펼치는 데 실패한다면 이전 단계들로 퇴행이 일어날 수 있다. 이때 퇴행은 의사(擬似) 친밀을 향한 강박적 욕구의 형태 또는 자기상(self-imagery)에 대한 일종의 강박적 집착의 형태를 띠며 여기에 지속적인 침체감이 따른다.

모든 단계의 안티테제와 마찬가지로 **침체**는 이 단계(성인기)의 잠재적인 병리로 특징지어지며 이에 따라 이전 단계의 갈등으로 퇴행하는 현상도 당연히 나타날 수 있다. 그런데 우리는 이 단계의 특별한 중요성 또한 이해해야 한다. 이것은 피임이라는 유력한 기술적 에토스에 의해 **생식적 좌절**은 인지되지 않는 반면에 **성적 좌절**은 병의 원인으로 인식되는 오늘날 특히 중요하다. 여기에서 승화, 또는 더 넓은 적용은 좌절된 충동 에너지를 가장 잘 활용하는 것이다. 앞서 말했듯이 오늘날 새로운 생식적 에토스는 모든 아이들의 삶을 질적으로 개선하는 것과 관련된, 좀 더 **보편적인 배려**를 요구하는지도 모른다. 그러한 새로운 사랑(caritas)은 선진국 시민들이 개발도상국 시민들에게 단순히 피임

약과 구호 식량을 제공하는 데 그치지 않고 모든 아이들이 생존뿐 아니라 필수적인 발달의 기회를 얻도록 공동으로 보증하게 만들어줄 것이다.

하지만 나는 여기에서 집단과 인류 자체의 생존에 치명적 결과를 가져올 수 있는, 생애 단계에서 특징적으로 나타나는 다른 현상들에 대해 좀 더 설명하고자 한다. 만일 (성인기의 덕목인) 배려가 (언급된 다른 모든 덕목처럼) 이용 가능한 본능적 에너지에 동조하는 생명력의 경향이 표현된 것이라면, 거기에 상반되는 경향 또한 있을 것이다. 노년기에 나타나는 그러한 상반되는 경향을 우리는 **경멸**이라고 불렀다. 생산력의 단계(성인기)에서 그것은 **거부**(rejectivity) 즉 특정한 사람이나 집단을 자신의 생식적 관심에 포함하지 않으려는 태도, 다시 말해 그들을 **돌보는 일에 관심을 두지 않는 태도**에 해당한다. 물론 (본능적인) 돌봄이 한층 정교하게 ('본능에서 비롯된' 형태로) 발달한 인간은 '친밀'하거나 친밀해질 수 있는 존재들을 선별하려는 경향이 매우 강하다. 사실, **부분적으로** 뚜렷한 거부라고 할 만큼의 선별적 경향이 없다면 인간에게 생산과 돌봄은 불가능할 것이다. 어떤 집단에서든 용인할 수 있는 거부의 정도를 윤리와 법과 통찰로 규정해야 하는 이유도 바로 이 때문이다. 한편으로 이것은 종교적, 이념적 신념 체계들이 (더 폭넓은 공동체 단위들을 위한) 보편적인 돌봄의 원칙을 계속 옹호해야 하는 것과 대비된다. 보편적 사랑이라 할 그러한 정신적 원리들이, 발달 과정에서 받는 돌봄의 연장(延長)을 궁극적으로 지지하는 지점도 바로 여기다. 그런데 사랑(caritas)은 많은 부분에서 보류된다. 가족 내에서 그리고 공동체 내에서 생존과 성숙이라는 일정한 목표에 부적합해 보이는 것들에 대해 다소 무자비하고 잘 합리화된 억압의 형태로 **거부**가 표현될 수 있기 때문이다. 이것은 자녀에 대한 물리적, 정신적 학대를 의미할 수 있으며, 나아가 다른 가족이나 공동체에 대한 도덕주의적 편견으로 바뀔 수도 있다. 물론 '다른 편인' 민족이나 외국인 집단도 여기에 포함될 수 있다. (어쨌든 우리의 어린 환자들 가운데 일부가 단순히 '거부하는 어머니'에 의해서가 아니라 세대에 의해 거부의 대상이 되어 온 방식을 명확히 밝히는 것은 모든 사례 연구에 주어진 과제이다.)

더욱이 거부는 때때로 방대하게 집단적으로 표출되기도 한다. 자신이 속한 집단에 위협이 되는 것 같은 (이웃한) 집단을 상대로 하는 전쟁은, 영토나 시장을 두고 벌어지는 갈등 때문만이 아니라 그저 위험할 정도로 상대가 다르게 보인다는 이유로 일어나기도 한다. 물론 상대방도 이와 똑같은 감정으로 대응한다. 생산력과 거부의 갈등은 내가 **의사 종 분화**(pseudospeciation)라고 부른 인간의 보편적 성향이 개체 발생적으로 가장 강력하게 드러나는 것이다. 콘라트 로렌츠는 '의사 종 분화'를 Quasi-Artenbildung이라고 적절하게 번역했다.(1973년) 이것은 자신과 다른 유형이나 집단에 속한 사람들은 본질적으로나 역사적으로, 혹은 신의 뜻에 의해 자신과 다른 종(種)이라는 확신(그리고 이 확신에 토대를 둔 충동과 행동)이며, 인류 자체에 매우 위험하다.* 의사 종 분화가 충성과 영웅주의, 협력과 창의성 면에서 가장 진실한 최고의 추종자들을 만들어내는 반면에 다른 부류의 사람들을 적대와 파괴의 역사로 몰아넣을 수 있다는 것은 인간의 주된 딜레마이다. 거부라는 문제는 모든 개인의 심리사회적 발달은 물론이고 인간이라는 종의 생존에도 지대한 영향을 미친다. 개인의 심리사회적 발달에서는 거부가 억제되는 경우에 자기 비하(self-rejection)가 나타날 수 있다.

앞에서 약속한 대로 우리는 각 단계에 특정한 의식화의 형태를 할당해야 한다. 성인들은 다음 세대에게 신성한 모범이 될 준비, 악의 심판자이자 이상적 가치의 전달자로서 행동할 준비가 되어 있어야 한다. 이에 따라 성인들은 의식의 집행자로서 의식화를 담당해야 하고 실제로 그렇게 한다. 여기에는 그런 역할을

* 박물학에서 '의사(pseudo)'라는 단어는 단순히 의도적인 기만을 뜻하지 않는다. 이 단어는 자신의 부류를 생물학적, 역사적으로 좀 더 대단하고 특별하게 보이도록 어느 정도는 의도적으로 상황을 조성하려는 모든 인간의 과장된 경향을 가리킨다. 어쩌면 창의적이라고 할 수도 있는 이 경향은 매우 위험한 극단으로 치달을 수 있다.

승인하고 강화하는 일부 의식에 참여할 필요성과 전통적 관습 또한 존재한다. 의식화에 있는 이 모든 성인의 요소를 가리켜 우리는 간단히 **생산력**이라고 부르는 것인지도 모른다. 부모, 교사, 생산자, 치료자의 역할과 관련된 보조적인 의식화들이 여기에 포함된다.

나는 **권위주의**가 잠재적으로 성인기를 대표하는 **의식주의**라고 생각한다. 권위주의는 경제와 가정의 영역을 통제하는 절대적인 힘을 관용과 생산력 없이 사용하는 것을 가리킨다. 물론 진정한 생산력은 **진정한 권위**를 포함한다.

하지만 성숙한 성인기는 청년기에서 비롯된다. 심리성적으로 말해 청년기는 진정한 친밀성이라는 리비도적 모델로서 청소년기 이후(post-adolescent)의 성기기적 상호 관계에 의존한다. 위태로울 정도로 긴 성인기 이전의 시간이 지난 뒤, 신체와 기질을 매개로 한 이 만남은 엄청난 검증을 받게 된다.

정체성을 추구하는 청소년기를 보낸 청년들은 자신들의 정체성을 상호 친밀성에 용해시키려 하며, 일과 성(性), 우정을 통해 상호 보완적일 것이라고 여겨지는 개인들과 정체성을 공유한다. 청년들은 종종 '사랑에' 빠지거나 친밀한 관계를 맺을 수 있지만, 친밀함은 상당한 희생과 타협을 요구하는 실제적 관계에 헌신할 수 있는 능력에 달려 있다.

친밀의 심리사회적 안티테제는 **고립**이다. 고립은 '인정받지 못한' 채 홀로 남겨지는 것에 대한 두려움이며, 이는 존재의 시작을 특징짓는 '나'와 '너'의 관계—이제 성기기적으로 성숙해진—에 몰두하게 되는 의식화에 깊은 동기를 제공한다. 이로써 고립감은 잠재적으로 청년기의 핵심적인 병리가 된다. 사실, 관계의 두 당사자가 다음 단계의 중요한 발달—생산력—을 마주해야 할 필요성을 느끼지 못하도록 가로막는 **둘만의 고립**(isolation à deux)이라 할 만한 관계들이 존재한다. 하지만 고립에 따른 가장 큰 위험은 퇴행적이고 비우호적인 정체성 갈등을 다시 겪는 데 있으며, 스스로 퇴행을 선택하는 경우에는 최초의 타자와 경험한 생애 초기의 갈등에 고착되기도 한다. 이것은 '경계성' 병리로 나타날 수도 있다. 그러나 친밀과 고립의 안티테제가 해결되면 **사랑**, 즉 분리된 역할에 내재하는 대립을 해결해줄 수 있는 성숙한 헌신의 상호 작용이 생겨난다.

청년기의 친밀과 사랑에 반대되는 힘은 **배타성**(exclusivity)이다. 물론 배타성은 성인기에 나타나는 **거부**와 관련이 있다. 거부가 생산력에 필수적이듯이 친밀에도 어느 정도 배타성이 필요하지만, 거부와 배타성은 모두 매우 파괴적—자기 파괴적—이 될 수 있다. 어떤 것도 전혀 거부하거나 배제하지 못하는 경우 그것은 지나친 자기 비하와 (이를테면) 자기 배제(또는 그 결과)로 이어질 수 있다.

친밀과 생산력은 확실히 밀접하게 관련되어 있지만, 친밀은 먼저 독특한 방식의 행동과 말로 연결된 내집단*의 생활 양식을 구축하는, 일종의 **친화적** 의식화를 제공해야 한다. 심리사회적 발달에서 친밀은 규정하기 어렵지만 지속적으로 광범위한 영향을 끼치기 때문에, 공동체적이고 개인적인 **양식**의 이 힘은 공통된 생활 양식에 대한 확신을 제공하고 요구하는 한편 타인과의 친밀 속에서도 개인의 정체성을 보장해준다. 또한 이 힘은 **생산 양식**에 공동으로 참여하는 **연대**를 하나의 생활 방식으로 묶어 두기도 한다. 적어도 이러한 것들은 발달이 지향하는 높은 목표들이다. 이 단계에서 다양한 배경을 지닌 개인들은 스스로 새로운 환경을 조성하고 자녀를 갖는 관습적 방식을 체화해야 한다. 이때 개인이 조성하는 환경은 역사적 변화에 따른 지배적인 정체성 유형과 사회적 관습의 (점진적이거나 급격한) 변화를 반영하기 마련이다.

청년기의 의식화에서 비생산적인 모형을 만들기 쉬운 의식주의는 엘리트주의인데, 이것은 우월 의식을 특징으로 하는 파벌

내집단(內集團, ingroup) 집단적 갈등 상황에서 형성되는 집단의 한 범주이며, 내집단에서 '우리'끼리의 단결과 충성이 생겨난다면 외집단(outgroup, '그들')에 대한 적대감과 증오도 이와 상관적으로 발달한다.(옮긴이)

과 무리를 만들어낸다.

정체성 형성—청소년기와 학령기

이전 단계로 거슬러 올라가서, 청년기의 책무를 얼마나 신뢰할 수 있느냐는 대체로 청소년기에 벌어지는 정체성 투쟁 결과에 달려 있다. 물론 후성적 관점에서 볼 때, 일과 사랑을 함께할 좋은 동반자가 나타나고 그들이 검증을 받을 때까지는 누구도 자신이 '누구인지' '알' 수 없다. 하지만 정체성의 기본 형태는 분명히 (1) 유년기 정체성에 대한 개인의 선택적 긍정과 부정에서, (2) 그 시대의 사회적 과정이 어린 개인들을 인정하는 방식에서 생겨난다. 물론 사회적 과정은 기껏해야 그들을 기성세대와 이미 같은 방식으로 존재하거나 같아지고 있다고 믿을 수 있는 이들로 인정할 뿐이다. 한편 공동체의 기성세대는 그러한 인정을 구하는 개인들에 의해 자신들이 인정받는다고 느낀다. 하지만 같은 이유로, 사회는 인정받는 것에 관심이 없는 개인들이 앙심을 품고 자신들을 거부한다고 느낄 수도 있다. 이 경우에 사회는 이해하거나 받아들일 수 없는 연대감(예컨대 범죄 조직의 충성심)을 추구하는 이들을 가차없이 내친다.

정체성의 안티테제는 **정체성 혼란**인데, 이것은 병리적 퇴행을 악화하거나 병리적 퇴행 때문에 악화되는 핵심적인 불안을 형성하는 규범적이고 필연적인 경험이다.

정체성의 심리사회적 개념은 개인 심리의 핵심 개념인 자아와 어떻게 관련되어 있을까? 앞에서 지적했듯이 이 시기의 자아 정체감은 유년기에 경험한 (그리고 청소년기에 극적으로 반복될 수 있는) 다양한 자아상과, 선택과 책임을 위한 젊은이들의 역할 기회를 점진적으로 일치시킨다. 다른 한편으로, 영속적인 자기감(sense of self)은 존재의 신성한 중심인 의식하는 '나'를 지속적으로 경험해야 존재할 수 있다. 일종의 존재론적 정체성인 '나'는 (앞에서 노년기를 논하면서 언급했듯이) '마지막' 단계에서 심리사회적 정체성을 초월해야 한다. 그리하여 청소년기에는 적응과 성공에 관한 그 시대의 통념을 포함해 종교적, 정치적, 지적 차원에서 모든 종류의 이념적 가치에 대한 열정적인 관심과, 비록 스치듯 지나갈지라도 존재에 대한 민감한 의식을 지니게 된다. 여기서 청소년기를 특징짓는 격변은 이상할 정도로 잠잠한 상태를 유지할 수 있다. 그리고 또 한편으로 노년기에 이르러서야 가능한 일종의 '성숙'에 대한 존재론적 몰두가 이 시기에 깃들 수도 있다.

청소년기에 나타나는 특유의 강점인 '충실성'은 유아적 신뢰와 성숙한 믿음 두 가지 모두와 견고한 관계를 유지한다. 길잡

이의 역할이 부모로부터 스승과 지도자에게 넘어가면서 청소년기의 충실성은 이념적 중재자의 성격—그 이념이 '생활 양식'에 내포되어 있든 아니면 명시적으로 드러나 있든—을 적극적으로 수용한다. 한편, 충실성과 상충하는 것은 **역할 거부**이다. 이것은 자기(the self)에 이질적인 요소들에 맞서 싸우고 저항하는 것과 정체성 형성에 도움이 될 수 있는 역할과 가치들을 구분하려는 적극적이고 선택적인 욕동이다. 역할 거부는 잠재적으로 유효한 정체성에 비추어 낮은 활력과 나약함을 포함하는 **자신 없음**(diffidence)의 형태로 나타날 수 있으며, 체계적인 **반항**(defiance)의 형태로 나타날 수도 있다. 반항은 (어디에나 존재하는) **부정적 정체성**, 즉 사회적으로 용인되지 않음에도 완강하게 고집하는 정체성 요소들을 도착적으로 선호하는 것이다. 만일 사회가 실현 가능한 대안을 제공해주지 않는다면 이 모든 것은 '나'를 최초로 의식한 생애 초기의 갈등으로 되돌아가려는, 갑작스러운 '경계성' 퇴행으로 이어질 수 있다. 이것은 거의 다시 태어나려는 절박한 몸부림과도 같다.

그런데 정체성 형성은 **약간의** 역할 거부 없이는 불가능하며, 특히 주어진 역할이 개인의 잠재적인 정체성 통합을 위협할 때 더욱 그러하다. 역할 거부는 개인의 정체성 범위를 결정하는 데 도움을 주는 한편, 적절한 의식화나 의례에 의해 '확증'되고 지속적인 소속감으로 바뀔 수 있는 실험적인 충실성을 불러일으킨다. 사회적 과정에서도 어느 정도의 역할 거부는 반드시 필요하다. 이는 '상황'에 '적응'하기를 거부하며 의식화의 **전면적인 쇄신**을 위해 떨쳐 일어서는 충실한 반역자들의 도움 없이는 변화하는 상황에 계속해서 재적응할 수 없으며, 전면적인 쇄신 없이는 심리사회적 변혁도 일어날 수 없기 때문이다.

요컨대 정체성 형성 과정은 **발달하는 형태**로 나타난다. 즉 기질적 조건, 리비도의 욕구, 타고난 능력, 유의미한 동일시, 효과적인 방어 수단, 성공적인 승화, 일관된 역할 등을 점진적으로 통합해 나가는 형태로 나타나는 것이다. 하지만 이 모든 것은 개인의 잠재력, 기술적 세계관, 종교적 또는 정치적 이념이 상호 조응할 때에만 생겨날 수 있다.

물론 이 단계의 자연 발생적인 의식화에서 또래들과 나누는 상호작용을 의식화하고 소집단의 의식(儀式)을 만들려는 청소년들의 미덥지 못한 시도가 놀라움과 혼란, 분노를 불러올 수 있다. 하지만 이러한 의식화가 경기장과 공연장 그리고 정치나 종교 영역의 공적인 행사에 청소년들이 참여하도록 이끌 수도 있다. 이 모든 것에서 젊은이들은 일종의 이념적 확증을 찾는 것으로 보일 수 있으며, 여기서 자연 발생적인 의례와 형식적인 의식들이 통합된다. 하지만 그러한 탐색은 **전체주의**로 대표되는 공격적 의식화에 광적으로 참여하는 것으로 이어질 수도 있다. 전체주의는 망상에 가까운 세계상을 의식화하기 때문에 자기 쇄신의 힘이 결여되어 있으며 파괴적 광신주의로 변할 수 있다.

앞에서 살펴보았듯이 청소년기와 이후 대학에 재학하는 시기까지 연장되는 도제 기간을 심리사회적 **모라토리엄**(moratorium)으로 볼 수 있다. 이 시기에는 성적, 인지적 성숙이 이루어지되 일정한 책무에 대한 유예가 인정된다. 모라토리엄은 성 역할을 포함하여 사회의 적응적 자기 쇄신에 필요한 역할들을 상대적으로 자유롭게 실험해볼 수 있는 여유를 제공해준다. 이보다 조금 더 이른 시기에는 **심리성적 모라토리엄**이 존재하며, 이것은 정신분석학자들이 '잠복기'라고 부르는 시기와 일치한다. 심리성적 모라토리엄은 유아 성욕의 휴면 상태와 성기기적 성숙의 지연이 특징이다. 이에 따라 장차 결혼을 하고 부모가 될 젊은이는 먼저 자신이 속한 사회가 제공하는 학교 교육을 거치면서 노동 환경의 기술적, 사회적 원리를 학습하게 된다. 우리는 이 시기(학령기)를 **근면성 대 열등감**이라는 심리사회적 위기의 단계로 보았다. 근면성은 도구의 세계를 지배하는 법칙과 계획되고 예정된 절차를 따르는 협력의 규칙 모두에 적용되는 적절한 활동에 대한 기본적 의식(意識)이다. 아이는 이 단계에서 놀이뿐만 아니라 배움을 즐기는 법을 익히고, **생산의 에토스**에 부합하는 기술들을 배우는 것도 즐기게 된다. 놀이를 하고 공부하는 아이의 상상력 속에 이상적인 모델을 통한 **과업 역할**(work roles)의 일정한 위계가 자리를 잡게 된다. 이 역할들은 아이를 가르치는 어른들을 통해, 그리고 신화, 역사, 소설의 주인공들을 통해 현실과 가공의 세계에서 모습을 드러낸다.

근면성의 안티테제로 우리는 **열등감**을 상정했다. 열등감은 과업 수행 능력이 떨어지는 사람들을 (일시적으로) 무력하게 만들 수 있지만 일을 잘하는 사람들에게는 앞으로 나아가게 만드는 동력이 된다. 그런데 이 단계의 핵심적인 병리로서 열등감은 치명적인 갈등을 일으키는 경향이 있다. 열등감은 아이를 지나친 경쟁으로 내몰거나 퇴행으로 이끌 수 있다. 이것은 곧 유아 성기기와 오이디푸스 콤플렉스의 재출현으로 나타날 수 있으며, 그 결과 아이는 가까이에서 자신을 도울 수 있는 사람들과의 실제 접촉보다 대립적인 인물이 등장하는 환상에 집착할 수 있다. 한편 이 단계에서 발달하는 기본적인 힘은 **역량**이다. 역량은 인간의 발달 과정에서 **사실성**(factuality)을 입증하고 습득하는 방법과, 동일한 생산적 상황에서 협력하는 사람들의 **실재성**(actuality)을 공유하는 방법을 점진적으로 통합하는 것이다.

지금까지 본능에서 비롯된 힘과 유기체의 양태가 일련의 심리사회적 단계들과 세대의 계승이라는 맥락 안에서 어떻게 결합하는지 집중적으로 살펴보았다. 우리는 주로 발달의 몇몇 원리와 그 원리들이 공식화된 시점에 중요해 보였던 것들에 대한 학제 간 인식을 강조했다. 다만 우리는 발달 단계의 정확한 수나 우리가 사용하는 용어들을 고집할 수는 없었다. 우리가 만든 도표를 종합적으로 확인하기 위해 이 책에서 다루지 않은 많은 원리들에 여전히 의지해야 했기 때문이다.

인지 발달은 심리학적 측면에서도 검증할 수 있다. 인지 발달은 실제 세계와 정확하게 그리고 개념적으로 상호 작용을 하는 능력을 각 단계마다 정교화하고 확대하는 과정이다. 하르트만에 따르면, 이것은 필수적인 '자아 장치(ego-apparatus)'이다.(1939년) 피아제(Jean Piaget)의 이론을 참고하여 지적 능력의 '감각-운동적' 측면과 유아기의 신뢰 사이에, '직관적-상징적' 측면과 놀이 및 주도성 사이에, '구체적 조작'과 근면감(sense of industry) 사이에, 그리고 마지막으로 '형식적 조작' 및 '논리적 조작'과 정체성 발달 사이에 어떤 관계가 있는지 살펴보는 것도 유용할 것이다.(Greenspan, 1979년) 여기에 간략히 서술된 내용에 관한 초기의 학제 간 논의를 꾸준히 지켜본 피아제는 자신의 이론에 등장하는 단계들과 우리가 상정한 단계들 사이에 아무런 모순도 없다는 사실을 분명히 확인했다. 그린스펀은 "프로이트의 이론을 심리사회적 양태로 확장한 에릭슨의 견해에 피아제가 매우 동조적인 입장을 취했다."고 말했다.(1979년) 그는 다음과 같은 피아제의 말을 인용했다. "에릭슨의 발달 단계가 지닌 큰 장점은 …… 프로이트의 이론을 좀 더 일반적인 행동 유형(걷기, 탐색하기 등)에 적용함으로써 이전 단계에서 획득한 특질이 이후의 단계에 연속적으로 통합된다는 점을 상정하려 했다는 것이다."(Piaget, 1960년)

학령기에 스스로 역량을 갖추었음을 느끼는 것, 즉 **근면성**의 반대편에는 **무기력**(inertia)이 있다. 앞선 단계인 **놀이기**의 **억제**(inhibition)와 필연적으로 연결되어 있는 무기력은 개인의 생산적인 삶을 끊임없이 무력화하려는 위협으로 작용한다.

의지와 통제력 발달—취학 전 시기

앞에서 유년기 단계들을 후성적 발달과 전성기기(前性器期), 의식화와 관련해 이미 논의한 바 있다. 여기서는 해당 단계들의 안티테제와 상반 감정에 관해 간략한 진술을 추가하기만 하면 될 것 같다.

이제 **주도성 대 죄책감**의 위기를 겪는 놀이기로 다시 돌아가보자. 장난스러움은 이후 모든 단계에 필수적인 요소라고 할 수 있다. 하지만 부모 역할을 하는 인물들과 아이의 관계에서 오이디푸스 콤플렉스의 영향으로 아이의 주도성이 강하게 제약받을 때, 점차 발달하는 놀이는 상상 속의 수많은 동일시와 활동의 미시 영역에서 극화(dramatization)를 통해 아이를 해방시킨다. 게다가 놀이기는 분명한 과업 역할이 주어지는 학령기와 잠재적 정체성을 실험하는 청소년기가 도래하기 전에 '일어난다'. 그러므로 신화에서 그리고 특히 연극 무대에서, 평생 동안 지속되는 인간의 장난 같은 부조리를 보여주는 적절한 예로 오이디푸스의 드라마가 제시되고 그 드라마의 유년기적 기원으로 놀이기가 지목되는 것은 결코 우연이 아니다. 아울러 다른 사람은 물론이고 자기 자신을 웃음거리로 만들 수 있는 인간 특유의 재능인 유머 감각은 이 장난스러움에 토대를 두고 있다.

이 모든 것은 놀이기에 **억제**—장난기와 상상력이 풍부한 아이에게 꼭 필요하다.—가 주도성과 상충한다는 사실에 타당성을 부여한다. 억제는 오이디푸스기(남근기)에 뿌리를 둔 (히스테리에서부터 시작되는) 이후의 정신신경증적 장애의 핵심 병리이기도 하다.

놀이기에 앞서는 단계(유년기 초기)는 강박 신경증적 장애의 유아기적 '고착'이 처음 발견되는 '항문기'에 해당한다. 우리는 이 시기의 심리사회적 위기는 **자율성 대 수치심과 의심**이며, 이 위기가 해결될 때 초보적인 **의지**가 생겨난다고 본다. 이전과 이후 단계들 사이에 있는 이 단계의 위치를 다시 한번 돌아볼 때, 구강기의 감각적 의존 상태에서 항문-근육 단계의 자기 의지와 확실한 자기 통제로의 결정적인 도약 없이는 우리가 설명한 주도성의 발달도 있을 수 없다는 것이 발달상 '타당'해 보인다. 우리는 앞에서 아이가 의지적인 행동과 수동적인 강박 사이를 어떻게 오가는지 설명했다. 아이는 자신의 반항적 충동을 완전히 인식함으로써 전적으로 독립적으로 행동하려 노력하기도 하고, 다른 사람들의 의지를 자신의 강박으로 만듦으로써 다시 의존적이 되기도 한다. 초보적인 의지력은 이 두 경향의 균형을 맞추면서 자유로운 선택과 자제력의 발달을 모두 지원한다. 인간은 실행 가능한 일을 의도하고, 실행 불가능한 일은 (의도할 가치가 없기 때문에) 단념하며, 필요와 규칙에 따라 불가피한 일을 자신의 의지대로 실행하고자 노력해야 한다. 어쨌든 이 시기를 지배하는 (보유와 배출이라는) 이중의 양태와 일치하는 **강박**과 **충동**은 **의지**와 상반된 감정을 이루며, 상태가 악화되거나 맞물리는 경우 의지를 무력화하기도 한다.

발달을 역순으로 살펴보아도 결국 단계별로 발달한다는 것은 후성적인 총체적 효과, 즉 모든 단계와 덕목은 이전 단계에 이미 미발달된 형태로 나타나 있으며, 나름의 '자연스러운' 위기와 이후 모든 단계에서 다시 출현할 가능성을 지니고 있다는 것이 분명해진다. 유아기의 덕목인 희망에 이미 의지력의 요소가 있는 것은 맞지만, 유년기 초기에 의지의 위기가 닥쳤을 때 대응하는 방식으로 유아기의 희망이 그런 도전을 감당할 수는 없다. 한편 '마지막 줄'을 살펴보면 유아기의 희망에 점차 믿음(faith)으로 발달할 요소가 이미 깃들어 있음이 분명해 보인다. 물론 유아기의 의미를 광적으로 옹호하는 사람들에게 이를 납득시키기는 어려울 것이다.

우리가 앞에서 말했듯이 희망은 기본적 신뢰 대 기본적 불신의 갈등에서 생겨난다. 말하자면 희망은 순수한 미래이며, 불신이 우세한 상황에서 미래에 대한 기대는 인지적으로나 정서적으로 사그라지기 마련이다. 하지만 희망이 우세하다면 미래에 대한 기대는 최초의 타자가 지닌 신성한 이미지를 이후 단계들에서 다양한 형태로 실행하는 기능을 갖게 된다. 이는 잃어버린 낙원을 영원히 되찾을 수 있다는 희미한 약속을 품고 궁극적인 타자—어떤 형태의 숭고함으로든—와 마주하게 될 순간까지 계속된다. 근면성과 목적의식뿐만 아니라 주도성과 의지도 같은 방식으로 미래를 지향한다. 정체성과 충실성 역시 행동과 가치관의 조합을 포함한 다양한 선택에 활용되기 시작할 것이다. 젊은이들은 이념과 결합하여 '구원'과 '파멸'의 폭넓은 가능성을 그려볼 수 있으며, 개인이 할 수 있는 일과 함께 돌볼 대상을 꿈꾸는 데서 청년기의 사랑은 영감을 얻기도 한다. 그런데 사랑과 배려라는 성인기의 덕목과 함께 중년기의 가장 중요한 요인 하나가 차츰 모습을 드러낸다. 그것은 운명에 의한 것이든 아니면 스스로 선택한 것이든 이미 불가역적으로 선택된 조건들에 의해 선택의 폭이 좁아졌음을 보여주는 증거이기도 하다. 이제 상황, 조건, 관계는 그 사람에게 평생 단 한 번뿐인 현실이 된다. 성인기의 배려는 불가역적으로 선택한, 혹은 운명에 의해 선택할 수밖에 없었던 대상을 특정한 시대의 기술적 요구 내에서 평생 돌보기 위한 수단에 집중하는 것이 된다.

이제 차츰 매 단계의 새로운 덕목과 함께 새로운 시간 감각이 나타난다. 개인은 불가역적인 정체성을 지닌 채 점차 자신이 의도했던 존재가 되어 가고, 지금까지 존재해 온 바대로 최종적으로 존재하게 될 것이다. 리프턴(Robert J. Lifton)은 살아남은 자(survivor)가 된다는 것의 의미를 대단히 명확하게 설명했는데(1970년), 성인기에 우리는 (오이디푸스의 친부 라이오스가 그랬듯이) 무언가를 만든 사람(창조자)은 자신이 만들어낸 것(피조물)을 남기고 결국 죽을 것이라는 사실을 깨달아야 한다. 그런데 우리는 이 문제를 크게 의식하지 않는다. 오히려 위협적인 침체감이 저지되는 한, 생산력의 단계에서 죽음을 외면하는 태도가 광범위하게 인정되는 듯 보인다. 죽음에 대한 의식은 성인기보다 청년기에서 더 강하다. '세상의 유지'에 분주한 성인들은 종교, 예술, 정치의 의례에 참여하는데, 이 모든 것은 죽음에 의례적 의미와 사회적 실재를 부여함으로써 죽음을 신화화하고 의식화한다(ceremonialize). 청년기와 노년기는 다시 태어남을 꿈꾸는 시기이다. 반면에 성인기는 실제로 아이의 출생을 돌보아야 하고 그에 대한 보상으로 활기차고 영속적인 역사적 실재로서 독특한 감각을 부여받는다. 이러한 감각은 비존재(nonbeing)의 그림자를 부정하기 때문에 청년과 노인에게는 다소 비현실적으로 보일 수 있다.

독자들은 이제 〈도표 1〉(56~57쪽)의 범주들을 다시 검토해 보고 싶을 것이다. 각각의 심리사회적 단계에서, 우리는 **심리성적 단계**(A)와 점점 확대되는 **사회적 관계 범위**(C) 사이에 **핵심 위기**(B)를 '위치'시켰다. 핵심 위기를 겪는 동안 특정한 동조적 잠재력은 〔기본적 신뢰(1단계)부터 자아 완성(8단계)에 이르기까지〕 **이조적** 안티테제(**기본적 불신**부터 노년의 **절망**까지)의 가능성을 압도해야 한다. 각 단계의 위기를 해결하면 (**희망**부터 **지혜**에 이르는) **기본적 덕목** 또는 **자아 특질**(D)이 출현한다. 동시에 그러한 동조적 특질은 (**위축**에서부터 **경멸**에 이르는) 상반 감정(E)을 동반하기도 한다.

동조적 잠재력과 이조적 잠재력, 그리고 동조적 감정과 상반 감정은 모두 인간의 적응에 필수적이다. 왜냐하면 환경에 대한 긍정적 반응과 부정적 반응이 태어날 때부터 명확하게 결정되어 있는, 즉 주위 환경에 **본능적**으로 적응하게 되어 있는 동물의 운명을 인간은 공유하지 않기 때문이다. 오히려 인간은 긴 유년기 동안 **본능에서 비롯된** 애착과 공격성이라는 반응 양식을 발달시키도록 인도되어야 하며, 이러한 반응 양식은 기술, 양식, 세계관—이 각각의 요소는 하르트만(1939년)이 '평균적 기대치'라고 부른 조건을 뒷받침해주지만—에서 큰 차이를 보이는 다양한 문화적 환경을 위해 응집될 수 있다. 하지만 이조적, 상반적 경향이 동조적, 공감적 경향을 능가하는 경우 (정신병적 위축에서 노인 우울증에 이르는) 특정한 핵심 병리가 발생한다.

자아 통합과 공동체의 에토스는 동조적, 공감적 경향의 범위를 일정하게 유지하는 동시에 인간의 역동성이 지닌 가변성 속에서 이조적, 상반적 경향들을 수용하려고 노력한다. 그런데 이러한 이조적, 상반적 경향은 개인적, 사회적 질서에 지속적인 위협이 되기도 한다. 그런 이유로 역사를 통해 포괄적인 신념 체계(종교, 이념, 우주관)들은 자격을 갖춘 '내부자들'을 광범위하게 묶는 데 인간의 동조적 경향을 적용함으로써 그러한 경향을 보편화하려 노력한다. 한편 ("생활 방식, 습관, 도덕적 태도, 이상에 작용하는") 이러한 신념 체계들은 특정 연령대와 특정 단계의 의식화(G)를 통해 일상생활에 전이된다는 점에서 각 개인의 발달에도 필수적인 요소가 된다. 의식화는 (**신비적인** 것부터 **철학적인** 것에 이르기까지) 포괄적 원리들의 단계적 보충에서 발달에 필요한 에너지를 얻는다. 하지만 **자아**와 **에토스**가 존속 가능한 상호 연관성을 잃을 경우, 의식화는 (**우상화**부터 **독단주의**에 이르기까지) 생명력을 잃은 의식주의(H)로 와해될 위험에 놓인다. 이처럼 발달상 공통된 뿌리로 인해 개인의 주요한 장애와 사회적 의식주의 사이에는 역동적인 유사성이 존재한다(E와 H 참고).

그러므로 모든 인간은 (보편적 질서에서 법적, 기술적, 이념적 그리고 그 이상의 질서에 이르기까지) 사회 질서의 원리에 담긴 논리와 덕목을 받아들이고 내면화하는 한편, 좋은 환경에서 그러한 논리와 덕목들을 다음 세대에 전달하기 위한 준비를 해 나간다. 우리는 임상 경험과 일반적인 관찰을 통해 개인의 해결하지 못한 위기의 증상들과 의식주의적 해체에 따른 사회적 병리들을 마주하게 되지만, 어쨌든 이 모든 것은 발달과 회복에 반드시 필요한 잠재력으로 인정되어야 한다.

여기서 우리는 이제까지 도외시해 온 또 다른 보완적 연구의 경계에 다다른다. 그것은 공동체의 정치에 이바지하는 **제도적 구조**와 **메커니즘**이 무엇이냐는 것이다. 사실 우리는 개인의 발달과 사회 구조 사이에 연결 고리를 제공하는 일상생활의 의식화를 설명하고자 노력했고, 그러한 의식화의 '정치'는 사회적 상호 작용에 대한 많은 기록과 사례 연구에서 쉽게 찾아볼 수 있다. 우리는 신뢰와 희망에서 생겨나는 덕목을 종교와, 자율성과 의지에서 생겨나는 덕목을 법과, 주도성과 목적의식에서 생겨나는 덕목을 예술과, 근면성과 역량에서 생겨나는 덕목을 기술과, 그리고 정체성과 충실성에서 생겨나는 덕목을 이상적 질서와 연결해 설명했다. 하지만 특정한 시대의 주어진 체제에서 엘리트와 권력 집단은 물론이고 지도적 위치의 개인들이 생산적이고 정치적인 삶에 포괄적인 에토스를 어떻게 보존하고 쇄신하며 대체하는지, 그리고 생산을 위한 성인들의 잠재력과 자라나는 세대의 성장과 발달을 어떻게 뒷받침하는지 설명하려면 사회과학에 기대야 한다. 나는 마르틴 루터와 모한다스 간디라는 두 종교적, 정치적 지도자의 삶과 그들의 생애 발달 단계 중 결정적 단계를 연구했다[《청년 루터》(1958년), 《간디의 진리》(1969년)]. 루터와 간디는 자신의 개인적 갈등을 동시대인들의 삶을 정신적, 정치적으로 쇄신하는 수단으로 전환할 수 있었다.

이렇게 해서 우리는 역사심리학 연구에까지 이르렀다. 하지만 다음 장에서는 정신분석학적 방법론이 어떤 식으로 심리사회적 통찰로부터 도움을 얻을 수 있으며 그러한 도움에 기여하는 관찰을 어떻게 만들어낼 것인지 질문하는 내용이 있어야 할 것이다. 우리는 이를 검토하는 출발선으로 다시 돌아갈 것이다.

4장

자아 발달과 에토스

자아 방어와 사회적 적응

《자아와 방어 기제》에서 안나 프로이트는 "오로지 하나의 특정한 문제 즉 자아가 불쾌감과 불안을 물리치고 충동적 행동과 정서, 본능적 충동을 제어하는 방식과 수단만 다룬다."(1936년, p. 5) 따라서 **억압**과 **퇴행**, **부정**과 **반동 형성*** 같은 다양한 방어 기제들은 **내적 조직**의 현상으로만 다루어진다. (출간된 지 37년이 된) 그 책을 비평하는 공개 토론회가 1973년 2월 필라델피아에서 열

반동 형성(reaction formation) 억압된 충동과 반대의 태도를 보이는 것으로, 상대에 대한 증오를 표출하지 않기 위해 과도하게 친절한 태도를 보이는 것을 예로 들 수 있다.(옮긴이)

렸는데, 이 자리는 방어 기제의 사회적, 공동체적 함의를 논의할 기회를 제공해주었다. 우리는 **방어 기제**가 공유될 수 있는지, 그리고 상호 연결된 개인들과 공동체 생활에서 **생태적 가치**를 띨 수 있는지 자문했다.

안나 프로이트의 책에는 그러한 가능성을 적시하는 대목이 있다. 물론 개인의 방어 기제와 공동체의 의례적 방어 기제에 일정한 유사성이 있다는 것은 분명하다. '공격자와의 동일시'를 예로 들어보자. 이유가 무엇이든 유령을 무서워하며 유령을 막으려고 특정한 동작을 취하는 어린 소녀가 있다. 소녀는 거실에서 자신이 맞닥뜨릴 수 있는 유령의 흉내를 낸다. 여기서 우리는 "무서워하는 대상으로 주체가 변신함으로써 불안을 안전한 쾌락으로 바꾸는"(A. Freud, 1936년) 아이들의 놀이를 떠올릴 수 있다. 마찬가지로 문화사를 살펴보면 유령을 가장 공격적인 형태로 의인화해 '구마(驅魔)를 행하는 원시적인 방법들'도 있다.

안나 프로이트는 현대성을 추구하는 어떤 학교에서 "교실 수업을 덜 강조하고 학생 스스로 선택한 개별 학습을 더 강조"하며 이를 의식화하는 절차를 관찰한 뒤 그 결과를 발표했다.(1936, p. 95) 이전에는 꽤 유능하고 평판이 좋았던 많은 아이들에게서 곧 위협과 억압에서 비롯된 방어적 행동들이 새롭고 제한된 형태로 나타났다. 아이들의 적응성은 달라진 요구에 위협을 받는 것 같았다. 안나 프로이트는 학교가 뜻밖의 결과를 낳은 의식화를 포기하자 학생들이 공유하고 있던—순전히 각 개인이 받아들인 것이지만—방어 기제가 순식간에 사라졌다고 주장했다. 하지만 관습이 되어 결국에는 집단의 에토스는 물론이고 개인의 성격과 생애마저 영구히 변화시킬 수 있는, 공유되는 사회적 방어 기제는 과연 무엇일까?

마지막으로 **주지화*** 같은 사춘기의 방어 기제에 담긴 사회적 함의를 다시 한번 숙고해보아야 할 것이다. (당시 빈에서 그랬듯이) "외부 세계의 혁명을 요구"하는 것처럼 지나치게 **관념**에 몰두하는 것도 사실은 주지화 때문일 수 있다. 안나 프로이트는 이것을 "그들 자신의 이드에서 생겨난 새로운 요구", 즉 본능에서 비롯된 내적 격동에 맞서려는 청소년들의 방어 기제로 해석한다. 주지화가 **심리성적** 측면과 관련 있다는 것은 분명하다. 다만 주지적 방어 기제가 사춘기에 나타나고 공유되는 것을 **인지 발달**의 결과이자 **주지적 에토스**의 의식화를 적응적으로 활용한 결과로 보는 것은 지극히 타당하다. 사실 사회적 과정은 변화하는 에토스에 재적응하려는 청소년기의 그러한 과정을—때때로 지나친 경우에도—마땅히 믿고 인정해주어야 한다.

주지화(主知化, intellectualization) 불안을 제어하고 긴장을 줄이기 위해 본능적 욕동을 지적 활동에 묶어 두려는 심리적 작용을 말한다.(옮긴이)

이처럼 방어 기제는 개인의 본능적 충동 속에서 만들어질 뿐 아니라, 집단을 포함한 개인과 가족의 의식화된 상호 작용의 일부로—방어 기제가 상대적으로 잘 작동하는 곳에서—공유되거나 병치된다고 보는 것이 타당하다. 하지만 방어 기제가 취약하고 유연성이 없으며 구성원들을 분리하는 경우에 그것은 **개인화되고 내면화된 의식주의**에 가까워진다.

안나 프로이트는 교사로서, 그리고 "강박적인 부모의 양육 아래 자라는 강박적인 아이들이 모방이나 동일시에서 비롯된 강박적 방어 기제를 쓰는지, 아니면 강한 가학적 경향에서 발생하는 위험을 부모와 공유하되 부모와는 다른 적절한 방어 기제를 쓰는지를 두고 오래도록 토론을 벌인" 임상의로서 자신의 경험을 회상한다.(〈필라델피아 정신분석협회 저널(Journal of the Philadelphia Assn. for Psychoanalysis)〉, 1974년).

'나'와 '우리'

자아 방어에 관해 논하면서 이른바 자아심리학(Ego-Psychology)의 시대를 돌아보았다. 오늘날에도 우리는 지향점이 비슷한 자기심리학(Self-Psychology)을 마주하고 있다. 그런데 나는, 역설적으로 들릴지 모르지만, 인간에게 가장 개인적인 것이면서 한편으로 '우리'라는 공동체적 의식(감각)에 가장 기본적인 것을 논하지 않고는 그러한 동향들을 심리사회적 발달 이론과 연관 지을 수 없었다. '나'라는 의식(the sense of 'I')은, 자신이 언어 능력을 타고난 지각하고 사고하는 존재, 즉 (실제로 다수의 자기로 이루어진) 하나의 자기(self)를 대면할 수 있고 무의식적인 자아(ego)의 개념을 구성할 수 있는 존재라는 것에 대한 개인의 핵심적 인식을 뜻한다. 사실 바람직하지 않은 충동과 감정에 맞서 유용한 방어 기제를 확립하는 과정에서 자아의 통합방식은, 이제 논의하려고 하는 존재의 기본적 양태들을 우리가 '나'에 대한 의식이라고 부르는 것으로, 즉 **중심적**이고 **활동적**이며, **온전하고 지각하는** 존재에 대한 의식으로 환원한다. 그럼으로써 주변적이거나 비활성화된 존재, 파편적이고 불분명한 존재라는 느낌을 극복한다.

그런데 우리가 지적으로 관심을 갖는 이 대목에서 이상한 사각 지대를 마주하게 된다. 존재론적, 성격학적(personological), 언어학적 실상인 "나(the 'I')"는 사전에서도, 심리학 문헌에서도 찾기가 힘들다. 하지만 우리가 가장 중요하게 여기는 것은, 정신분석학 논문에서 프로이트가 이에 상응하는 독일어 단어로 애초에 사용한 'Ich'가 늘 '자아(ego)'로 번역된다는 사실이다.(Erikson, 1981년) 동시에 'Ich'는 이따금 명백하게 "나('I')"의

뜻으로 쓰이기도 한다. 프로이트가 "모든 의식이 의존하는" 경험의 '직접성'과 '확실성'을 'Ich'의 속성으로 말할 때 특히 그러하다.(1923년) 이것은 결코 단순한 이중적 의미의 문제가 아니라, 결정적인 개념적 의미의 문제이다. 왜냐하면 무의식은 직접적이고 확실한 의식에서만 실증될 수 있기 때문이다. 더욱이 의식은 진화와 역사를 통해 합리적인 방법론과 만났을 때 결정적인 단계에 다다랐으며 그럼으로써 무의식에 대한 부정을 자각하고 그 결과를 살피는 법을 배우게 되었다. 그럼에도 프로이트는 이 근원적인 의식을 그저 인간의 근본적인 실제들 가운데 하나로만 여겼던 것 같다. 그는 의식을 자명한(selbstverständlich) 것으로 받아들였으며 그것을 중요하게 검토하려 하지 않았다. 프로이트의 미학적, 정신적, 과학적 인식의 폭과 열정을 생각해보면 그가 오로지 무의식과 이드에만 집중한 것은 인간의 동기에서 가장 모호하면서도 가장 근원적인 것에 대해 거의 고행에 가까운 연구를 수행했다고도 할 수 있다. 하지만 무의식에서 무엇인가를 얻기 위해 그가 '자유' 연상, 꿈, 혹은 놀이 그 자체 같은 (모두가 의식의 수단인) 형태적 수단을 채택했다는 점은 주목할 필요가 있다. 한편, 체계적인 해석은 의식의 확장을 지향한다. 사실 프로이트는 한 의미심장한 구절에서 의식을 'die Leuchte'로 칭했는데, 이것은 '밝은 빛(the shining light)'으로 해석할 수 있다.(S. Freud, 1933년) 그는 거의 종교적이라 할 만한 이 표현을 역설적으로 사용하면서 의식에 대해 이렇게 말했다. "그것은 마치 우리의 삶과도 같아서 그렇게 대단한 가치가 있는 것은 아닐지 모르지만 사실 그것이 우리가 가진 전부이다. 의식의 성질이 던지는 불빛이 없다면 우리는 심층심리학의 암흑 속에서 길을 잃고 헤매게 될 것이다." 여기에서 '불빛(illumination)'이라는 단어는 'die Leuchte'로 번역해도 충분할 것이다.

정신분석 기법에서 허물없는 대면의 성격을 지우고 엄격한 규칙을 적용하면서 프로이트는 오로지 스스로 관찰하는 '나'와 공통의 '우리'를 무의식 연구의 대상으로 삼았다. 그것을 필요로 할 만큼 불안한 환자들에게, 그것을 원할 만큼 호기심이 많은 사람들에게, 그리고 그것을 '받아들일' 만큼 건강한 사람들—실제로 정신분석을 받는 것을 새로운 유형의 엘리트가 되는 것으로 받아들인 사람들도 있었으므로—에게 정신분석은 전례 없는 치유의 통찰을 낳는 성찰의 과정임이 입증되었다. 그런데 '나'와 '우리'에 대한 체계적인 연구는 심리사회적 현상의 이해에 필요할 뿐 아니라 포괄적인 정신분석 심리학의 기본 요소가 될 것으로 보였다. 물론 나는 '자아(the ego)'와 '자기(the self)'가 그렇듯이 "나(the 'I')"에 대해 말하는 데 언어학적인 어려움이 있다는 것을 안다. 하지만 '나 자신(myself)' 또는 일련의 '나 자신들

(myselves)'을 인식하려면 '나'에 대한 의식이 필요하다. 다양한 형태의 자기 체험에는 공통적으로 그 모든 것을 경험하고 인식할 수 있는 '나'의 의식적 연속성이 있다. 따라서 결국 '나'는, 각각의 사람이 소통 가능한 경험의 영역에서 인식의 중심이자, 살아 있음과 존재의 필수 조건임을 의식하는 매우 신비적인 중심이라는 사실을 언어로 확증하는 토대가 된다. 동시에 동일한 세계상을 공유하고 언어로 소통할 수 있는 둘 이상의 사람들만이 각자의 '나'를 하나의 '우리'로 동화시킬 수 있다. 물론 기관 양태, 자세와 감각의 양상, 세계관의 시공간적 특징과 관련 있는 대명사들—'나'에서부터 '우리'와 '그들'에 이르는—이 완전한 의미를 띠게 되는 발달의 맥락을 대략적으로 제시하는 것이 매우 중요하다.

'우리'에 대하여, 프로이트는 "각 개인과 그리스도를 이어주었던 끈이 또한 개인들을 서로 이어주는 끈의 바탕이라는 사실에는 의심의 여지가 없다."(1921년)고 주장하기까지 했다. 하지만 이것은 앞에서 보았듯이 프로이트가 '인위적'이라고 칭한 교회나 군대 같은 집단에 관해 이야기하면서 한 말이다. 사실 형제애에 가까운 모든 동일시는 부모에서부터 종교의 창시자와 신에 이르기까지 카리스마를 지닌 인격체에 대한 공동의 동일시에 의지한다. 이 때문에 시나이산에서 모세가 자신이 누구를 만난 건지 백성들이 물으면 뭐라고 대답해야 하느냐고 신에게 물었을 때, 신은 자신을 "나는 스스로 있는 자니라.(I AM that I AM)"* 라고 소개하면서 가서 사람들에게 "스스로 있는 자가('있는 나'께서) 나를 너희에게 보내셨다"고 이르게 했다. 이 존재론적 의미는 유일신교가 발달하는 과정에서 중심이 되었으며, 이와 관련 있는 가부장적, 군주제적 현상으로 확대되었음이 분명하다.(Erikson, 1981)

여기서 우리는 갓난아기와 **최초의** (모성적) **타자** 사이에 평생 지속되는 상호 인식의 힘과, 그 힘이 "그 얼굴을 들어 네게 보이시며 너에게 평화를 베푸실"(민수기 6장 26절) **궁극적 타자**에게 최종적으로 전이된다는 사실을 다시 한번 떠올리게 된다. 우리는 발달의 단계들을 여기에서부터 다시 한번 짚어볼 수 있으며, 저마다의 언어로 '우리'의 부성애, 모성애, 형제애가 공통된 정체성을 현실의 경험으로 공유하는 방식을 살펴볼 수 있다. 다만 앞에서 지적했듯이, 흔히 적응해야 할 '외부 세계'로만 여겨지는 현실의 개념을 수정하는 것이 필수적이다.

---

* 〈출애굽기〉 3장 14절에 나오는 구절이며, 개역개정 성경의 번역을 따랐다. 같은 구절이 가톨릭 성경에는 "나는 있는 나다."라고 번역되어 있다.(옮긴이)

현실의 세 가지 요소

물론 '자아'라는 개념과 용어 자체는 프로이트가 만든 것이 아니다. 스콜라 철학에서 자아는 신체와 영혼의 **통일체**를 의미했고 일반적인 철학에서는 의식적 경험의 **영속성**을 의미했다. 윌리엄 제임스(William James)는 1920년에 쓴 편지에서 '시간과 공간들을 연속성 있게 만들어 포괄하는 자아'뿐만 아니라, 내적 건강의 본질을 암시하는 용어인 '**자아의 능동적인 긴장**'에 대해서도 이야기했다. 여기서 (독일어에 친숙했던) 제임스는 내재적인 '자아'의 무의식적인 기능뿐만 아니라 '나'의 주관적인 의식에 대해서도 생각했던 것 같다. 하지만 존재의 차원에서 '나'가 확실한 중심적 역할을 보장받는 방식으로 경험을 통합하는 것은 분명히 자아의 무의식적인 기능에 속한다. 그럼으로써 자아는 무기력한 피해자라기보다는 실질적인 **행위자**로서 사건들의 흐름을 의식할 수 있다. 자아는 비활성화('소극적'보다 이 표현이 나을 것이다. 인간은 소극적인 방식으로 능동적일 수도 있기 때문이다.)되어 있다기보다 **능동적**이고 **자발적**이며, 주변부로 밀려나 있다기보다는 **중심**에 있으며 **포괄적**이고, 압도당하기보다는 **선택**을 하며, 혼돈에 빠져 있기보다 **자각**하며 존재한다. 이 모든 것은 개인이 자신의 시간과 공간 속에서 느끼는 편안함과 통하는데, 이때 개인은 어떤 이유에서인지 자신이 선택을 하는 주체임에도 선택된다고 느낄 수 있다.

여기까지는 괜찮다. 그런데 앞에서 확인했듯이 생애 단계를 따라 인간 발달을 살펴보면 인간의 문제는 한 단계에서 다음 단계로 넘어갈 때 자신의 중심적 역할에 대한 의식이 늘어나는 타자들에게 의존하게 되는 것임을 알 수 있다. 그 타자들 가운데 일부는 생애의 중요한 대목에서 개인적으로 '타자'로 인정할 수 있을 만큼 충분히 가까운 관계일 수 있지만, 대개의 경우 불특정한 수많은 타자들은 자신의 현실 의식을 공유함으로써 확인하려 한다. 그들은 자신의 현실 의식을 우리에게 일방적으로 강요하지는 않을지언정 우리의 현실 의식과 구분하려고 노력할 수는 있다. 외부 현실에 대한 자아의 적응을 이야기하는 것만으로 충분하지 않은 것은 이와 같은 심리사회적 이유들 때문이다. 모든 인간의 적응에는 갈등이 따르지만, 자아가 적응을 이끈다고 말할 때 그것은 곧 자아가 적응의 경험들을 흡수했으며 강한 동일시를 이미 무의식적으로 자기 것으로 받아들였음을 뜻한다. 사실 프로이트가 **현실**(reality)이라는 뜻으로 쓴 독일어 단어 'Wirklichkeit'는 ('작용하는wirken'과 연관되어) 전반적으로 능동적이고 상호적인 의미를 담고 있다. 이 독일어 단어는 일반적으로 **actuality***로 옮겨야 하며 '상호 활성화(mutual activation)'를 뜻하는 것으로 이해해야 한다.

그렇다면 현실에는 많은 필수적인 구성 요소들이 있다고 해야 할 것이다. 그 모든 요소들은 정신분석의 맥락에서 본능(instinctuality)에 의존하는데, 바로 이 지점에서 동물의 본능(instinctivity)과는 달리 발달이 이루어지는 동안 정서적 에너지가 자아의 지배 아래 놓인다. 또 그러한 에너지는 눈으로 볼 수 있는 공동체의 영역에서 점차 발달하는 수용력(capacities)의 투입에 활용된다. 이에 따라 아이는 명명되고 입증되며 공유될 수 있는 사실(facts)들을 '사랑'하는 법과, 그러한 사랑을 심어주는 사실들을 좋아하는 법을 배울 수 있다.

발달하는 현실 의식과 불가분의 관계인 세 가지 요소 가운데 **사실성**(factuality)은 사실들로 이루어진 사물의 세계에 대한 일반적인 의식에서 가장 강조된다. 사실성은, 왜곡이나 부정은 최소화되고 특정한 인지 발달 단계와 특정한 과학과 기술에 의해 확증은 최대화된 상태에서 인식된다.

현실이라는 말의 두 번째 함의는 설득력 있는 일관성과 질서이며, 이것은 알려진 사실들을 하나의 맥락 속으로 옮겨 우

---

* 에릭슨은 《간디의 진리》에서 우리가 흔히 '현실(real)'이라고 일컫는 것을 두 가지로 나누었다. 하나는 논증을 통해 알 수 있는 사실적 현실(factual reality), 다른 하나는 실제로 작용하기 때문에 느낄 수 있는 현실(actuality)이다.(옮긴이)

리로 하여금 (다소 놀라울 정도로) 그 사실들의 본질을 깨닫게 만든다. 즉 공동의 언어와 세계상에 참여하는 사람들로 하여금 그들이 공유할 수 있는 진릿값(truth value)을 깨닫게 해준다. (아인슈타인이 'Begreiflichkeit'라고 표현한) '이해 가능성(comprehensibility)'은 현실의 이 측면에 가장 적합한 단어일 것이다.** 이를 대체할 만한 단어로는 **맥락성**(contextuality)이 있는데, 여러 사실들에 일정한 계시적 의미를 부여하는 것은 바로 맥락성이 지닌 놀라운 상호 관련성에서 비롯한다. 현실의 세 가지 요소와 주요 발달 단계들 사이에 유의미한 일치가 이루어질 때에만 공통의 에토스가 충분히 많은 구성원들에게서 최대한의 에너지를 확보할 수 있다.

현실의 세 번째 요소는 ('생활 방식'이라고 조심스럽게 부를 수 있는) 지속성 있는 세계관이다. 매우 포괄적인 개념을 지닌 이 세계관은 증명 가능한 사실의 영역에 훈련된 관심을 집중하는 한편 맥락성의 인식을 확장하는 일관된 시각을 낳으며 과업에 대한 강한 헌신을 토대로 윤리적인 연대를 실현한다.

세계상은 세대마다 새로워지지만 궁극적으로는 각 개인과 더

** 아인슈타인은 '물질적인 대상'을 이해할 수 있는 것은 '현실의 존재'가 있기 때문이라고 말하기도 했다. 그는 "감각계의 경험을 이해할 수 있다는 사실은 기적"이라고 덧붙였다.(1954년)

불어 발달한다. 이렇게 해서 우리는 기관 양태에서 자세와 감각의 양상까지, 그리고 삶의 규범적 위기에서 심리사회적 발달의 안티테제까지 이 책의 각 장을 되짚어볼 수 있었다. 또 우리는 세계상이 어떻게 모든 경험에 보편적인 맥락과 의미를 제공하는지 밝히고자 노력했다. 최초의 신체적 경험들과 우리가 이른바 자기애적이라고 부르는 초기의 본능적 발달로부터 생겨난 개별적인 '나'만이 이 세상에서 정위력*의 감각을 얻고 공유하는 법을 배울 수 있다. 세계상 연구는 각각의 '나'가 지닌 기본적인 시공간 정위의 욕구에서 출발해야 하며, 공동체가 하루 주기 또는 1년 주기 그리고 노동 분담과 의례적 행사 같은 것들에 해당하는 관점들의 네트워크를 제공하는 방식을 다루는 방향으로 나아가야 한다. 케이 에릭슨(Kay T. Erikson)의 표현(1966년)을 빌리자면 **외부성**(outerness)과 **타자성**(otherness)이 시작되는 범위와 '경계'에까지 나아가야 하는 것이다.

미국적 생활 방식에 따라 성장하는 것에 대한 여러 관점을 살펴보면서 나는 앞에 언급한 문제들을 비체계적인 방식으로 규정할 수밖에 없었다.(1974년, 1977년) 하지만 이제는 각 개인의 깊

정위력(定位力, orientation) 지남력(指南力)이라고도 하며, 현재 자신이 놓인 상황을 올바르게 인식하는 능력을 말한다. 일반적으로 사람, 시간, 장소의 세 가지 차원을 인식하는 능력을 가리킨다. 의식, 사고력, 판단력, 기억력, 주의력 등이 유지되어야 제대로 된 정위력을 지닐 수 있다.(옮긴이)

은 무의식과 전의식(前意識)이 기존의 세계상과 변화하는 세계상에 개입하는 방식을 정신분석적 임상 관찰로 이해할 수 있음을 확신하게 되었다. 내재적 갈등과 파괴적 안티테제에 존재하는 신체, 사회, 자아 기관의 잠재적인 상보성을 연구하게 되었기 때문이다. 그러한 연구는 우리가 정신분석의 역사와 이념적, 윤리적 의미를 다양한 역사적 상황에서 더 잘 이해할수록 더 많은 결실을 맺을 것이다. 다만 이전과 다른 새로운 종류의 문화사만이, 개인 발달의 모든 세부 사항들이 종교적 신념 체계의 존재론적 순환 주기, 정치 및 경제 이념의 역사적 원리, 과학 이론의 경험론적 함의에 담긴 거대한 구도와 어떻게 연결되고 어떻게 거기서 갈라져 나오는지 보여줄 수 있을 것이다.

에토스와 윤리

초기 정신분석학에서 자아와 에토스의 역동적인 관계에 관한 가장 포괄적인 진술은 아마 프로이트의 《새로운 정신분석 강의(New Introductory Lectures on Psycho-Analysis)》(1933년)에 실린 다음 구절일 것이다.

> 대개 부모나 그와 비슷한 권위를 지닌 사람들은 아이를 교육

할 때 대체로 자신들의 초자아가 내리는 명령을 따른다. …… 따라서 아이의 초자아는 사실 부모가 아니라 부모의 초자아를 전범으로 삼아 형성된다. 아이의 초자아는 부모의 초자아와 똑같은 내용으로 채워지며, 전통과 이런 식으로 한 세대에서 다음 세대로 이어져 내려온 모든 시간을 뛰어넘는 가치의 계승자가 된다.

여기서 볼 수 있듯이 프로이트는 역사적 과정의 일부 측면을 개인의 초자아에서 찾는다. 초자아는 개인의 내적 삶에 도덕적 압박을 가하는 주체이며 우리의 자아는 **내적 억제**(inner suppression)로부터 상대적으로 자유로워지기 위해 초자아에 맞선다. 이어서 프로이트는, "인간의 '이념'은 동시대 경제적 조건의 산물이자 상부 구조에 불과하다."고 주장함으로써 **정치적 억압**(political suppression)을 강조하는 '유물론적 사관'을 반박하며 이렇게 말한다.

그러한 주장은 옳다. 하지만 그 자체로 완전한 진실은 아닐 것이다. 인간은 결코 현재에만 살지 않는다. 과거, 즉 각 인종과 민족의 전통은 초자아의 이념 속에 계속해서 살아 있으며, 현재의 영향력과 새로운 변화에 천천히 자리를 내줄 뿐이다. 초자아를 통해 작동하는 한, 과거는 경제적 조건과는 별개로 인간의 삶에서 강력한 역할을 수행한다.(1933년, p. 67)

이러한 프로이트의 주장은 혁명 세력과 그들의 방식에 대한 심리학적 연구에 지대한 영향을 끼쳤다. 하지만 여기서 가장 놀라운 것은, 정신분석가가 개인의 내적 역동성을 재구성할 때 전통의 매개체로서 초자아의 기능에 주목해야 하며 그럴 수 있다고 제안한 듯하다는 점이다. 특히 변화와 해방에 대한 초자아의 저항과 관련해, 프로이트의 주장은 (개인의) 내적 갈등에 반영된 주요한 역사적 경향을 드러내어 정신분석학 연구에 영향을 끼쳤다. 그런데 발달론적 관점에서 나는, 프로이트가 주장한 것처럼, 유년기의 잔재인 초자아에서 현재의 이념뿐 아니라 이미 도덕주의가 되어버린 과거의 이념까지 찾아낼 수 있다는 점을 강조하고 싶다. 상상력이 풍부한 오이디푸스 콤플렉스 단계와 **주도성 대 죄책감**이라는 유년기의 위기 사이에서 초자아는 지나치게 장난기 넘치는 주도성을 가둘 촘촘한 **금지**(prohibitions)의 망을 강조하면서 기본적인 도덕적 성향 또는 심지어 도덕주의적 성향의 확립을 돕는 것으로 균형을 잡는다.

앞에서 말했듯이 나는 청소년기가 새로운 세대의 상상력과 에너지를 결집하는 새로운 이념적 표상에 인지적으로나 정서적으로 넓게 열려 있는 생애 단계라고 생각한다. 청소년기의 이러한 특성은 시대 상황에 따라 기존 질서를 강화하거나 거부할 수도 있고, 더 급진적이거나 더 전통적인 미래의 질서를 기약함으로써 정체성 혼란을 극복하는 데 도움을 줄 수도 있다. 하지만 이를 뛰어넘어—유아적인 도덕주의나 청소년기의 이념적 과잉을 벗어던질 수 있다면—우리는 생산이라는 책무에 걸맞은 잠재적인 윤리 의식을 성인기에 부여할 수 있을 것이다. 마찬가지로 우리는 시대적 현실과 조화를 이루는 성숙하고 원대한 계획에 알맞은 잠재적인 **윤리 의식** 또한 성인기에 할당할 수 있을 것이다. 그리고 이 지점에서 혁명의 지도자들도 굳건한 도덕 관념과 윤리적 관심을 지니고 자신들의 이념을 발전시키고 실행해야 한다. [우리의 발달론적 통찰과 관련해, 성인기의 생산력에 따르는 윤리는 다음과 같은 새로운 황금률을 제시할 것이다. "어떤 것이 너의 성장을 촉진시키는 바로 그때 그것을 다른 사람에게도 그대로 행하라." (Erikson, 1964년)]

인간의 도덕적, 이념적, 윤리적 잠재력의 **의식화**를 위해 예비된 생애 단계들—즉 유년기, 청소년기, 성인기—을 요약하면서 우리가 도덕주의, 전체주의, 권위주의라는 세 가지 **의식주의**의 위험을 경고했다는 사실을 잠시 떠올려보는 것이 좋겠다. 아울러 발달과 생애 주기의 요인을 모두 후성적으로 시각화할 필요를 다시 한번 상기하는 것도 좋겠다. 이를 도표로 나타내면 아래와 같다.

	1	2	3
III			윤리적
II		이념적	
I	도덕적		

이처럼 모든 도덕률에는 윤리적, 이념적 특성이 깃들어 있으며, 이념에도 도덕적, 윤리적 특성이 모두 잠재한다. 따라서 당대의 역사적 상대성 내에서 일정한 생산력의 성숙으로 통합될 가능성이 있는 한, 윤리적 입장에서 도덕적이거나 이념적인 사고 양태를 지속하는 것을 결코 '유아기'나 '청소년기'의 잔재라고 할 수는 없다.

정신분석과 상대성 원리

마지막으로 한 번 더 기본적인 정신분석 방법으로 돌아가면서 우리는 이 방법의 양도할 수 없는 두 가지 기능을 기억해야 한다. 먼저 이것은 억압적이거나 퇴행적인 유년기의 불안과 그러한 불안이 이제까지 생애와 성격에 끼친 영향으로부터 성인(환자들 또는 훈련에 지원한 사람들)들을 해방하는 것을 목표로 삼는 히포크라테스적 과업이다. 또 한편으로 이것은 개체 발생적으로나 계통 발생적으로 인간이 이미 지나온 발달 단계에 고착되는 현상을 밝히는 독특하고 교훈적인 연구 방법이다. 이와 관련해, 인류 차원의 성인기를 위한 분투가 지난 세기의 에토스를 이룬 한 부분이었음을 확인하는 것은 매우 흥미로운 일이다. 1844년에 카를 마르크스는 "자연에 존재하는 모든 것이 생성될 수밖에 없듯이, 인간도 자신의 생성 행위 곧 역사를 가진다."라고 주장했다.(Tucker, 1961년) 마르크스는 '생성 행위'를 'Entstehungsakt'라는 단어로 표현했는데, 이 단어는 능동적인 '생성(emerging)', '유지(standing up)', '변화(becoming)'가 조합된 의미를 지니고 있다. 또 이 단어는 어떤 종에게 다가오는 성숙을 암시하기도 한다. 이와 비슷한 몽상적인 진술에서 프로이트는 "문명이란 에로스에 봉사하는 과정이며, 에로스의 목적은 개인과 개인을 결합시키고, 다음에는 가족을 결합시키고, 그 다음에는 종족과 민족과 국가를 결합시켜 결국 인류라는 하나의 거대한 단위로 만드는 것이라고 할 수 있다."고 말했다. 그러한 미래가 인류 차원의 성인기를 요구한다는 생각이, 원시적인 감정과 이미지는 물론이고 유아기의 감정과 이미지를 향한 인간의 (잠재적으로 치명적인) 퇴행적 성향에 일관되게 천착했던 프로이트에게 늘 있었던 것 같다. 이 모든 '선사 시대의' 고착을 이해할 미래의 인류는 성인으로, 그리고 인간이라는 종(種)의 현명한 구성원으로 행동할 더 나은 기회를 얻을 것이다. 이것은 성인이 된 인류가 의사(pseudo-) (또는 유사quasi-) 종 분화를 극복하게 될 것임을 암시한다. 의사 (혹은 유사) 종 분화는 인류를 가상의 종으로 분류함으로써 성인기의 '거부'에 타자성에 대한 증오라는 도덕주의적 합리화를 제공해 왔다. 그러한 '종 분화'는 초자아가 지닌 가장 잔인하고 반동적인 속성을 뒷받침해 왔다. 그것은 가장 편협한 종족 의식과 계급적 배타성 그리고 민족주의적, 인종주의적 정체성을 강화하는 데 이용되었으며, 이 모든 것은 핵무기 시대에 우리 종의 존립 자체를 위협하는 요인으로 인식되어야 한다.

이러한 맥락에서 **에로스**라는 말은 모든 것을 아우르는, 보편적 사랑에 일조하는 본능적 힘을 가정하는 데서부터 정신분석 이론이 시작된다는 사실을 다시 한번 강조한다. 또 그것은 사실성의 인지적 구조를 지배하는, **로고스**라는 삶의 통합적 원리를 우리가 완전히 무시해 왔다는 사실을 새삼 알려주기도 한다. 인류 역사상 처음으로 과학과 기술이 진정으로 보편적이고 공동으로 계획된 물리적 환경의 윤곽을 제시하면서 오늘날 이 주제는 점점 더 중요해지고 있다. 하지만 보편적인 기술의 이미지로 제시되고 대중매체에 의해 극적으로 표현되는 이 세계는 매우 논리적이고 기술적인 원칙에 따라 완전히 조작된 환영(幻影)으로 바뀔 수도 있다. 그러한 환영은 우리가 이 책에서 강조하는 것, 즉 정신적 삶의 생태계가 의지하는 유기적인 존재와 공동체의 질서에 위협을 가하는 이조적인 경향들을 망각하게 한다. 그러나 인간의 정신을 다루는 예술과 학문은 특별한 역사적 자기 인식은 물론이고 발달적 경향, 즉 우리가 말하는 생애사적 경향에서도 지적으로 도움을 받아야 한다. 역사학자 콜링우드(Robin George Collingwood)가 말했듯이 "역사는 정신의 삶 그 자체이다. 실제로 역사적 과정 속에서 살아가고 스스로 그렇게 살아가고 있음을 자각하지 못한다면 그것은 이미 정신이 아니다." (1956년) 이 구절은 정신분석의 핵심에도 적용되는 것이며, 내게 깊은 인상을 남겼다. 아인슈타인 탄생 100주년을 맞아 나는 정신분석의 조사 방법론이 특별한 유형의 상대성에 대해 체계적인 인식을 허용하고 요구하는 방식을 상세히 기술하려 노력하기도 했다.

상대성 개념과 관련해 말하자면, 자연과학 분야의 모든 혁명적 진보는 인지적, 윤리적 차원에서 처음에는 기존의 지배적인 세계상과 '나'에 대한 의식의 기본적 확신을 위협하는 듯 보이게 마련이다. 예를 들어, 코페르니쿠스는 우주에서 (지구는 물론이고) 인간이 차지하던 중심 위치를 전복했는데, 그때까지 그 위치는 자신의 중심성에 대한 모든 '나'의 본원적 의식에 의해 지탱되던 것이었다. 하지만 근본적인 방향 전환에 따라온 다양한 계몽 덕분에 결국 인간 정신의 적응력이 재확인되었고 그럼으로써 더욱 이성 중심적이고 창의적인 에토스가 촉진되었다. 인간의 견고한 '관점'을 토대부터 허무는 것처럼 보였던 아인슈타인의 상대성 개념 역시 처음에는 참을 수 없을 만큼 상대주의적인 함의를 지니고 있었다. 하지만 상대성 개념은 결국 다양한 상대적 관점들이 근본적 불변성 안에서 서로 '화해'할 수 있는 새로운 길을 열어주었다.

이와 비슷하게 프로이트도 인간 의식의 위치를 욕동의 도가니인 이드와 맞닿은 주변부에 지정했다는 사실을 스스로 자랑스럽게 여길 수 있을 것이다. (자연의 에너지 변환을 가장 잘 인지한 세기에) 그는 이드의 에너지에 '동등한 지위'를 부여해야 한다고 주장했다. 내가 아인슈타인 탄생 100주년 기념 강연(1980b)에서 지적했듯이, 아인슈타인과 프로이트는 서로 상대의 방법론을 불신했다. 하지만 상대성 원리 혹은 상대성 원리에 대해 아인슈타인이 가장 즐겨 했던 설명(즉 움직이는 두 개의 철도 차량의 상호 관련성)은 프로이트의 기본적인 방법론에도 적용될 수 있다.

나는 정신분석 전문의와 환자의 정신을 서로 상대적으로 움직이는 두 개의 '좌표계'로 설명함으로써 **정신분석 상황**을 이해할 수 있다고 주장한 적이 있다. 정신분석의 대면에서 겉으로 보이는 태연함과 비인격성이 실제로는 환자에게 '연상'의 '자유로운 유영(遊泳)'을 허락하고 강화한다. 환자는 자유 연상을 통해 구체적인 경험이나 환상 그리고 꿈의 영역에서 먼 과거나 현재 또는 두려움이나 소망의 대상인 미래를 가변적인 속도로 오갈 수 있다. 환자는 현재에 사로잡혀 있는 동시에 이전의 발달 단계에서 비롯된 하나 이상의 핵심적 병리에 고착되어 있음을 보여주는 증상들로 고통을 받는다. 자유 연상은 환자로 하여금 이전 단계와 발달 상태에 내재하는 갈등을 종종 상징적으로 위장된 형태로 기억하고 되살려내도록 유도한다. 하지만 그 갈등의 총체적인 의미는 환자가 자신의 환상과 생각을 통해 이전 시기 또는 생애 최초의 시기에 싹튼 다소 비합리적인 이미지와 감정을 되살려 정신분석가의 인격에 '전이'할 때까지는 분명하게 드러나지 않는다.

한편 정신분석가는 '정신분석 훈련'을 통해 발달의 시간과 역사의 시간을 떠도는 자신의 정신을 끊임없이 그리고 (가장 좋은 의미에서) 절제되고 신중한 태도로 인식하는 법을 배운다. 이에 따라 환자가 표현하는 것을 자신의 삶에서 배운 보편적인 방향에 비추어 보면서 정신분석가는 환자의 현재 상태와 과거의 갈등이 분석가 **자신의** 생애 상황에 반향을 일으키는 방식과, 환자의 과거에 상응하는 자신의 과거에서 감정과 이미지가 떠오르는 방식—요컨대 치료자의 역전이(countertransference)—을 철저히 의식하게 된다. 이 같은 복잡한 상호 작용은 환자의 문제를 깨우쳐줄 뿐 아니라, 환자와 무의식적으로 결탁하는 정신분석가 자신의 습관적인 환상과 부정(denial)을 찾아내는 (그리고 그것으로부터 배우는) 데에도 도움이 된다.

그런데 환자와 자신의 생애 주기를 되짚어보는 치료자의 해석은—환자와 치료자는 서로 사회적, 역사적 경향에 상대적일 수밖에 없지만—정신분석의 과거와 현재의 개념화를 함께 고려해야 한다. 물론 여기에는 자신이 받은 정신분석 훈련과 영향력 있는 다른 학파들의 훈련 사이에서 치료자 자신이 속한 '세대'의 위치를 살피는 것과, 타인의 발달에 치료자이자 한 개인으로서 관여하는 자신을 지적으로 반추하는 것도 포함된다. 아울러 앞에서 보았듯이 과거의 혹은 새로운 임상적, 이론적 모델이나 '지도(map)'는 임상적 에토스의 유의미한 변화에 의해서도 특징지어질 수 있다.

정신분석가는 이 모든 변화들을 아우르는 상대성을 잠재적으로—그리고 앞에서 말했듯이 신중하게—의식하는 법을 배운 뒤에야 치료와 교육적 통찰에 도달할 것을 기대할 수 있으며 그때서야 비로소 **치유의 순간**에 필요한 적절한 해석을 얻을 수 있을 것이다. 그러한 해석은 나름의 온전한 고유성과 타당성에서 치료자와 환자 모두에게 놀라운 결과를 가져다줄 수 있다. 이처럼 치료를 위한 대면에서 환자의 일생을 이해하는 가운데 정신분석적 해석은 발달적, 역사적 통찰을 확장하며 치료에 다가간다.

예루살렘에서 열린 아인슈타인 탄생 100주년 기념 행사에서 내가 참석자들의 질문에 아인슈타인과 나의 분야를 연결 짓는 무모함을 보인 까닭도 여기에 있다. 내게는 그러한 방법론이야말로 새로운 비평적 방법론의 본질적인 부분이며, 오랜 공감을 체계화해주고 다른 식으로는 접근할 수 없는 타당한 상호 작용을 확립해주는 것으로 보였기 때문이다. 치료를 하는 사람과 받는 사람의 상호 의존성을 관찰하면서 밝혀졌듯이, 상대성의 특별한 임상적 적용은 양자(兩者)가 인간적 동기에 대한 불변의 법칙을 공유한다는—그리고 실제로 공유할 수 있다는—사실을 당연하게 받아들이는 오늘날의 인류애에 의해 이루어지고 있다. 그러나 상대성은 현대인의 에토스에 통합되어야 하는 생애사와 역사에 대한 새로운 인식의 일부이기도 하다. 그러한 인식은 역사, 사회학, 정치학 같은 관련 분야가 수행하는 연구의 일부로 치료 과정에서 전문화되기도 하고 단순히 일상에 대한 통찰 안으로 점진적으로 들어오기도 한다.

나는 빈에서 내가 받은 훈련과, 특히 당시 정신분석학계의 분위기를 간략하게 설명하는 것으로 이 책을 시작했다. 그리고 이제 나는 1979년 뉴욕에서 열린 국제 정신분석 회의에서 다뤄진 내용을 다시 언급함으로써 이 책을 가장 잘 마무리할 수 있으리라 생각한다. 생산력에 대한 강연(1980c)에 이어, 나는 전이와 생애 주기의 관련성에 대한 공개 토론회에 참석했다. 토론회에는 유년기, 청소년기, (중년과 노년을 포함하는) 성인기의 전이 양상에 대해 각각 강연을 한 피터 뉴바우어, 피터 블로스, 펄 킹이 토론자로 함께 참석했다.(Peter Blos; Peter Newbauer; Pearl King, 1980년) 그때 우리가 나눈 깊이 있는 토론에 대해 여기서 몇 가지만 간략하게 언급하고자 한다.

성인 환자와 어린 환자를 대면하는 정신분석 상황에서 둘의 전형적인 차이는, 아이들은 편안히 누워 체계적인 자기 분석을 할 수 없다는 사실에 있다. 아이들은 설령 치료자와 상호 작용을 원한다고 해도 대화와 놀이를 하고 싶어할 뿐이다. 이 때문에 아이들은 성인의 치료에서 특징적으로 관찰되는, '전이 신경증'* 은 물론이고 체계적인 전이 자체를 보여주지 못한다고 여겨졌다. 하지만 이제 아이들이 전이 신경증을 보여주지 못한다고 불

전이 신경증(transference neurosis) 환자가 치료자를 부모로 취급하여 자신의 아동기 경험을 재생시키는 신경증적 현상을 말한다.(옮긴이)

평하는 것은 성인의 터무니없는 우월주의로 받아들여진다. 현재를 경험하면서 그 경험을 다양한 학습의 기능이 있는 놀이의 자기 표현으로 전환하려 노력하는 아이들이 전이 신경증을 보일 이유는 전혀 없다. 아이들의 유아기적 애착과 관련해 안나 프로이트는 아이들에게 그러한 애착의 양상이 완전히 사라지는 것이 아니라면서, '다른 전이 반응'을 언급했다.(A. Freud, 1980년, p. 2) 생애 초기에 부모에 대한 공생적 필요에서 이따금 '전이'가 나타날 수 있지만, 아이들이 부모 이외의 관계를 위해 조부모나 이웃, 의사, 교사 같은 다른 성인들을 선택적으로 이용하는 법을 계속해서 배워야 한다는 사실을 기억해야 한다. 종종 '대상관계'라는 딱딱한 용어로 언급되는, 즉 온전히 사랑받을 만하며 자신의 사랑에 호응해줄 사람을 찾는 아이들의 탐색은 여러 세대의 공존이 달린 관계의 상호 의존성을 분명히 포함해야만 한다. 사실 어린 환자는 정신분석가의 역할 혹은 뉴바우어가 **일시적인 전이** 관계와 정신분석가와의 **작업 동맹**을 잇는 고리라고 부른 것을 어느 정도 이해할 준비가 되어 있는지 모른다. 그런데도 아동과 청소년을 대상으로 한 정신분석에서 전이를 논할 때, 어린 환자나 그들의 부모에 대해 정신분석가에게 나타나는 불가피한 **역전이**를 정신분석가들이 거의 고려하지 않는다는 사실은 성인의 또 다른 우월감을 보여주는 것이 아닐까?

앞에서 유년기에 관해 이야기한 것이 청소년기에 새롭고 극적인 형태로 나타난다. 성적 성숙이 진행되는 것은 사실이지만, 성격 발달과 사회적 지위에서 (우리가 심리사회적 잠복기라고 부르는) 예정된 지연이 다시 나타난다. 이 예정된 지연은 퇴행적 반복을 통해 사회적 역할을 실험해볼 기간을 허락해주며, 극단적인 행동 때문에 종종 악화되는 경우도 있지만 실험적인 사전 행동을 허용하기도 한다. 예정된 지연에 대한 진화의 논리는, 청소년기는 오로지 '인정'을 통해 그리고 초보적인 우정과 사랑과 동료 관계와 이념적 유대—이 순서가 어떻든 간에—에 점진적으로 참여하여 나름의 특징을 찾을 때 비로소 심리사회적 정체성에 이를 수 있다는 사실에서 명확해진다. 피터 블로스는 발달에 필요한 퇴행의 역할뿐 아니라 **2차 개체화***에 대해서도 이야기한다. 이 시기의 전이와 관련해 블로스는 "청소년 환자가 이를테면 부모의 개작된 이미지를 어떻게 **능동적으로** 구성하는지, 그리고 현실의 인물인 정신분석가의 존재를 통해 옛 원고의 개정판을 얼마나 꾸밈없이 창작하는지"를 묘사한다.(1980년) 이것은 정신분석가에게 이중의 지위, 즉 적절한 해석으로 치료를 해주는 사람이자 조심스러운 인정을 통해 생산력의 모델 역할(즉 멘토)을 해

2차 개체화(second individuation) 청소년의 자아가 부모로부터 벗어나기 시작하는 심리적 이유(離乳) 과정을 말한다.(옮긴이)

주는 사람의 지위를 부여한다는 것이다. 그렇다면 환자의 2차 개체화는, 다른 사람들에 대한 개체화와 그들과의 상호 실현을 존중하고 인정함으로써 우정과 연대의 능력이 점진적으로 발달함을 뜻하는 것임에 틀림없다.

하지만 성인 환자에게 뚜렷하게 나타나는 전이와 관련하여, 일반적으로 성인은 어린아이나 청소년과 달리 전형적인 치료 환경에 순응해야만 한다는 사실을 다시 한번 상기해야 할 것이다. 성인 환자를 대상으로 하는 치료 환경에는 다음 네 가지 요소의 결합이 꼭 필요하기 때문이다. (1) 반듯하게 누운 자세를 줄곧 유지함(인간의 대면에서 직립의 자세가 지니는 중요성을 상기하라.) (2) 얼굴을 마주보거나 눈이 마주치는 것을 피함(시선과 미소로 이루어지는 상호 인식의 결정적인 중요성을 상기하라.) (3) 대화를 주고받는 것을 배제함('나'에 관한 상호 설명에서 대화가 지니는 중요성을 상기하라.) 그리고 마지막으로 (4) 정신분석가의 침묵을 견뎌냄. 이 모든 요소들은 기억과 전이를 통해 유아기 초기에 마주한 사람들에 대한 탐색을 교묘하게 이끌어낸다. 물론 환자는 그러한 치료를 감당할 수 있을 만큼 (즉 이 모든 스트레스를 견뎌낼 수 있을 만큼) 건강해야 한다. 동시에 이 모든 과정은 역전이가 있을 수밖에 없는 치료의 권위를 정신분석가에게 부여하며 그럼으로써 정신분석적 통찰을 갑절로 요구한다.

펄 킹은 성인에 관한 논의를 중년과 그 이후의 시기로 결정적으로 옮겨놓았다. 킹은 개인들이 다양한 시간의 기준, 즉 연대기적, 생물학적, 심리학적 시간에 따라 살아간다고 지적한다. 이 세 가지 기준은 우리가 논의한 에토스(ethos), 신체(soma), 정신(psyche)과 상당한 정도로 일치한다. 연대기적 시간에는 에토스의 가치관이 투영되어 있고, 생물학적 시간은 신체에 속하며, 경험의 대상이 되는 시간은 정신에 속한다. 우리는 이 장에서 단계별 접근법으로 생애 주기의 마지막 단계를 다루기 시작했는데, 특히 우리는 펄 킹이 노령의 환자들에게 나타나는 전이의 전도(轉倒)를 설명한 대목에 주목했다. "분석가는 자신이 환자의 과거에서 어떤 중요한 인물로 전이되는 경험을 할 수 있다. 때로는 5대에까지 걸치는 이러한 전이에서 역할의 전도가 일어날 수 있는데, 이때 환자는 전도된 인물들이 자신을 다룬다고 느끼기 때문에 분석가 앞에서 차분한 행동을 보인다."(1980년) 킹은 노령의 환자들과 관련된 복잡한 역전이에 대해서도 언급한다. "긍정적이든 부정적이든 종종 노인 환자들을 향해 그러한 전이 현상에 수반되는 감정이 매우 격렬하게 나타나는 경우가 있는데, 이러한 전이 현상은 정신분석가에게 자신의 부모를 향한 용납할 수 없는 감정을 일으킬 수도 있다. 따라서 그런 노인 환자들을 대상으로 정신분석을 행하는 이들은 스스로 자신의 부모에 대해 느끼는 감정을 받아들이고 자신의 생애 주기 단계와 노화 과정을 건강하고 자기 통합적 방식으로 수용할 필요가 있다."(p. 185) 나아가 킹은 노령의 환자들이 치료의 결론을 고찰하기 어려운 경우가 있음을 이야기한다. 이런 경우에 그들은 무정한 시간의 경과가 지닌 힘을 자신의 생각대로 직면할 수밖에 없을 것으로 보인다.

모든 생애 단계에서 환자의 다양한 전이 형태는 이전 단계에서 망가진 **발달상의 대화**를 회복시키기 위해, 특정한 생애 위기를 되풀이하는 과정에 정신분석가를 생산력을 지닌 존재로 참여시키려는 시도를 보여주는 것 같다. 임상적 대면에서 일어나는 이와 같은 발달 단계들 간의 역학 관계는, 정신분석가가 다양한 연령대에 속한 환자들과 맺는 관계에서 겪는 전형적인 역전이를 연구하지 않고서는 명확하게 설명될 수 없다. 과거에 내가 언급한 내용을 인용하자면, "환자의 과거와 현재의 생애 단계가 정신분석가 자신의 상응하는 경험에 반향을 일으키는 방식에 대해 열린 자세를 유지할 때, 비로소 정신분석가는 정신분석 연구의 발달론적 함의를 온전히 인식할 수 있게 된다." 내가 이를 강조하는 이유는 다양한 문화적, 역사적 상황에서 성별, 연령별로 다양한 치료자와 환자 사이에 일어나는 전이와 역전이의 상호 관계를 비교하는 것이 가치 있는 작업이기 때문이다. 이러한 전이의 상호 작용을 치료 상황의 핵심 요소로 받아들인 프로이트의 혁신적인 결정으로 말미암아 임상적 정신분석과 '응용' 정신분석은 인간 경험의 **발달론적, 역사적 상대성**에 대한 주요 연구 방법이 될 수 있었다. 그리고 이러한 연구만이 진정으로 변하지 않는 인간의 특성을 확증할 수 있을 것이다.

기본적 정신분석 상황에 대한 이러한 결론은 우리가 이 책의 서두에서 이야기한 내용, 즉 우리의 일상에서 대단히 익숙한 것을 초기 정신분석 이론의 인과적, 계량적 측면보다 상대성의 측면에서 (상보성의 측면은 물론이고) 바라볼 때 정신분석의 일부 양상을 더 정확하게 이해할 수 있다는 사실을 자세히 설명하는 것과 다르지 않다. 적어도 심리사회적 지향이 그러한 발달론적, 역사적 관점과 자연스럽게 융합되고 있다는 사실은 분명하다. 또한 변화하는 기술적, 역사적 상황에서 그러한 지향이 인간의 기본적인 강점과 핵심적인 장애의 숙명을 인식하는 데 도움이 된다는 것도 분명하다. 요컨대 임상적 연구는 변화하는 역사의 맥을 짚고 인간의 의식을 진전시키는 데 다른 방법들을 보충하는 역할을 할 수 있을 것이다.

5장

발달의 아홉 번째 단계

서론

인간 발달 8단계를 처음 도표화했을 때만 해도, 인간은 출생일이 제각각이듯 발달의 적기(適期)도 저마다 달라서 사회적 규범이나 압력과 무관하게 각 발달 단계를 연령대에 따라 설명한다는 것은 확실히 불가능해 보였다.

이것은 노년기에도 마찬가지이다. 하지만 삶의 경험과 시기별 위기에 초점을 맞추려면 특정 시기의 특징을 설명하는 게 도움이 된다. 80대와 90대의 노인에게는 새로운 요구와 재평가 그리고 일상의 여러 난관이 찾아온다. 이러한 도전들을 분명히 밝히는 아홉 번째 단계를 지정할 때 우리는 비로소 이 문제를 충분히 논의하고 대처할 수 있다. 그러기 위해서는 80대 후반과 90

대 초반의 눈으로 생애 주기의 마지막 단계를 바라보고 이해해야 한다.

최고의 관리를 받는 신체도 약해지고 예전처럼 기능을 다하지 않는다. 힘과 통제력을 유지하기 위해 온갖 노력을 해도 신체는 자율성을 지속적으로 잃어 간다. 제8단계에 나타나는 절망은 어떤 응급 상황이나 신체적 능력의 상실이 닥칠지 알 수 없기 때문에 제9단계에도 가까이에 머무른다. 자립과 자기 통제가 어려워질 때 자존감과 자신감은 약해진다. 한때 든든한 의지가 되어준 희망과 믿음도 더는 예전 같은 견고한 버팀목이 아니다. 절망에 대해 믿음과 적절한 겸손으로 맞서는 것이 가장 지혜로운 처신일지도 모른다.

오랜 시간 동안 생애 주기를 재검토하면서, 나는 여덟 개의 단계를 제시할 때 흔히 동조적 요소를 앞에, 이조적 요소를 뒤에 두었다—예컨대 신뢰 대 불신, 혹은 자율성 대 수치심과 의심 등—는 사실을 깨달았다. 동조적 요소는 성장과 발전을 뒷받침하고 목표를 제공하고 자기 존중감과 최고의 것에 대한 헌신을 고양한다. 동조적 요소는 우리가 삶의 이조적 요소의 도전을 받을 때 우리를 지탱해준다. 하지만 우리는 상황에 따라 이조적 요소가 지배적인 위치를 차지할 수도 있다는 사실을 깨달아야 한다. 노년기가 바로 그러한 상황이다. 그래서 나는 '제9단계'를 집필하면서 이조적 요소를 앞에 둠으로써 그것의 중요성과 영향력을 강조하고자 했다. 어떤 경우이든 갈등과 불안이 성장과 능력, 헌신의 원천임을 기억하는 것은 중요하다.

우리는 독자들이 발달 단계 도표를 염두에 두고 또한 도표에서 도움을 받을 수 있도록 노년기의 개인들이 직면하는 동조적, 이조적 요소들과 그들이 상대해야 하는 불안을 살펴볼 것이다. 먼저 각 단계에서 불안을 야기하는 이조적 요인들을 확인하고, 제9단계에서 그러한 요인들이 나타나는 상황에 주의를 기울이고 이를 고찰해보자.

기본적 불신 대 기본적 신뢰: 희망

좋은 유전자와 다정한 부모와 공감하며 함께 놀아줄 조부모를 가지고 세상에 태어나는 아이들은 운이 좋다. 우리는 기본적 신뢰가 없는 유아는 생존하기 어렵다는 사실을 인정해야 한다. 이는 곧 모든 인간은 어느 정도 기본적 신뢰와 희망의 힘을 지니고 있다는 의미이기도 하다. 기본적 신뢰는 희망을 굳건하게 해주고 세상의 모든 시련과 고난에 맞서는 버팀목이 되어준다. 비록 우리 자신을 지키는 데 필요한 약간의 불신마저 없다면 생존이 어려울 수도 있겠지만, 불신은 삶의 모든 측면에 악영향을 끼치고 우리에게서 사랑과 우정을 앗아갈 수 있다.

노인들은 자신의 능력을 불신하게 된다. 시간은 건강과 강한 근력을 유지해 온 사람들에게도 타격을 가하고, 신체는 어쩔 수 없이 약해진다. 반복되고 가속화되는 붕괴와, 일상적이거나 갑작스러운 모욕감 앞에서 희망은 쉽게 절망으로 바뀐다. 일상의 간단한 활동조차 어려움과 갈등을 일으킬 수 있다. 노인들이 자주 지치고 우울해지는 것은 놀랄 일이 아니다. 그렇지만 노인들은 저녁에 해가 지는 것을 담담하게 받아들이고 아침에 해가 뜨는 장면을 기쁜 마음으로 바라본다. 빛이 있는 곳에는 희망이 있다. 어느 아침 밝은 빛과 새로운 경험이 무엇을 가져다줄지는 아무도 모른다.

수치심과 의심 대 자율성: 의지

모든 부모는 아이가 두 살 남짓이었을 때 얼마나 고집이 셌는지 기억한다. 아이들은 숟가락과 장난감을 움켜쥐고 기어코 혼자서 일어선다. 아이들의 태도는 장난스럽지만 동시에 단호하고 자기 만족적이다. 아이들은 무언가를 하려고 애를 쓰며 자신이 할 수 있음을 과시한다. 의지가 강할수록 아이들은 더 많은 것을 시도한다. 성장은 아주 빠르게 진행되기 때문에 부모는 그저 놀라면서 아이들이 잘해 나가기를 바랄 뿐이다. 하지만 여기에는 한계도 분명히 있다. 목표가 과도하거나 통제가 불가능한 상황에 처하면 아이들은 확신과 자신감이 떨어진 상태로 되돌아가며 이는 자기 능력에 대한 수치심과 의심으로 이어진다.

노인들이 자신의 신체와 선택에 대한 자율성을 더는 믿을 수 없게 될 때 그러한 의심이 다시 생겨난다. 의지는 안전을 확보하고 자기 통제력의 상실로 인한 수치심을 피할 정도로 억제되고 점차 약해진다. 노인은 안전하고 견실한 것에 의지하려 하지만 어떤 것은 확실히 안전하지는 않다.

자율성, 즉 모든 것을 내 방식대로 하려는 것이 어떤 느낌이고 과거에 어떤 느낌이었는지 기억해보라. 나는 이 욕동이 우리 삶의 마지막 순간까지 지속된다고 생각한다. 어렸을 때는 모든 연장자들이 강하고 힘이 센 것처럼 보였다. 그러나 이제는 자신보다 어린 이들이 강자가 된다. 노인이 자기 자신에 관한 어떤 결정에 성을 내고 고집을 부리면 더 강한 이들—의사, 변호사 그리고 장성한 자녀들—이 행동에 나선다. 그들의 결정이 옳을 수도 있지만 오히려 그 이유 때문에 노인은 반감을 품는다. 고이 간직해 온 자율성은 수치심과 의심의 도전을 받는다.

죄책감 대 주도성: 목적의식

어떤 일을 시작한다는 것은 새로운 방향으로 움직인다는 뜻이다. 이는 외로운 여정이 될 수 있지만 성공으로 이어지기도 하며, 다른 사람들의 관심과 참여를 이끌어낼 수도 있다. 주도성은 용감하고 멋지지만 실패로 돌아갈 경우 강한 위축감이 뒤따른다. 주도성이 지속되는 동안에는 활력과 열의가 따르지만 주도적인 사람은 종종 무능감과 죄책감을 겪기도 한다.

젊은 시절에 주도성을 진지하게 받아들인 사람은 노년이 되어도 지나친 주도성에 따르는 죄책감을 피할 수 있다. 한때 창의적인 생각으로 가득했던 열정적인 시절도 80세 이후에는 기억으로만 남게 된다. 이제 주도성은 너무 버거울 뿐만 아니라 중심적인 문제도 아니다. 목적의식과 열정은 무뎌지고, 느린 속도로 부단히 노력해 따라잡아야 할 것은 많다. 무척 만족스럽고 매력적으로 보이는 계획을 몸이 따르지 않아 수행할 수 없을 때 죄책감은 고개를 든다.

열등감 대 근면성: 역량

자유의 땅이자 혁신의 고향이며 치열한 경쟁이 펼쳐지는 이 나라에서 근면성과 역량은 우리 모두가 익히 아는 태도이다. 무엇을 잘하고 강점이 무엇인지가 동료에 대한 첫 번째 질문이 된다. 학교는 처음부터 우리를 그렇게 이끌었고, 우리는 기발한 창의성으로 이어지던 예전의 장난스러움을 거의 회복하지 못한다. 우리는 각자의 역량에 따라 평가를 받는다.

역량을 평가하는 데 글쓰기는 좋은 표본이다. 어떤 이는 훌륭한 발상은 물론이고 진부한 생각을 새롭게 해석하는 능력도 지니고 있을지 모른다. 하지만 명료한 글쓰기와 정확한 말하기 능력이 없다면 그 사람은 무능하다고 취급받을 것이다. 사실 모든 사람은 자신이 실행하고 있거나 실행하려는 일을 다른 사람들이 받아들이고 이해할 수 있게끔 일정한 수준의 역량을 갖춰야 한다. 독창성이나 창의력보다는 실용적인 세계에서 두각을 나타낼 만한 능력이 필요한 것이다.

40대에 추진력이 되었던 근면성은 이제 떠올리기도 어려운 기억이다. 젊은 시절에는 누구나 자신의 역량을, 그 대단한 에너지를 자랑스럽게 여겼다. 이제 그러한 집념은 사라지고 현실이 축복처럼 여겨지기까지 한다. 과거의 그 맹렬한 속도를 감당할 힘이 더는 남아 있지 않기 때문이다. 곤란한 상황이 밀려들면서 노인은 자신의 부족함을 받아들이지 않을 수 없게 된다. 우리는 노화로 인한 무능함으로 위축되고 나이 든 불행한 어린아이가 된다.

정체성 혼란 대 정체성: 충실성

정체성은 태어난 유아를 각각 특징짓고 환영하고 구분한다. 그리고 아이에게 이름을 지어줌으로써 정체성은 즉각 확고해진다. 남아는 남성의 이름을 얻고, 마찬가지로 여아의 이름은 그 아이가 여성임을 선언한다. 우리가 반응하거나 거부할 수 있는 이름은 얼마든지 있다. 우리가 직면하는 가장 큰 문제는 스스로 생각하는 나 자신과, 다른 사람들이 생각하는 나의 대립이다. 다른 사람이 생각하는 나는 누구냐는 문제는 묻기 까다로운 질문이고 적절한 대답을 찾기도 어렵다.

우리는 특히 청소년기의 탐색을 거치면서 실제로 스스로 맡기를 바라는 역할을 시험해본다. 때로는 옷이나 화장 따위에 관심이 쏠리기도 하지만 결국 우리로 하여금 현실에 발을 딛게 하는 것은 내가 누구인지에 대한 진정한 의식이다. 그것은 또한 내가 어디에 있고 나는 누구이며 내가 무엇을 주장하는지 분명하게 볼 수 있는 위치로 향하게 해준다.

이러한 실존적 정체성에 혼란을 겪을 때 우리는 자기 자신과 많은 사람들, 어쩌면 대부분의 사람들에게 이해하기 힘든 존재가 된다. 나이가 들면서 우리는 자신의 지위와 역할에 대해 현실적 불확실성을 느낄 수도 있다. 독자들은 노년에 어떤 이름으로 불리기를 바라는가? 스스로 얼마나 독립적일 수 있는가? 중년 시절과 비교할 때 85세 혹은 그 이상의 나이에서 우리는 과연 어떤 존재인가? 이전의 태도나 목적의 견고함에 비추어볼 때 우리의 역할은 불분명해진다. 사실 우리는 이전의 가치관이 갑자기

흐려지거나 사라지는 이 시기에 스스로 담당해야 할 역할과 위치에 대해 혼란을 느낄 수 있다.

고립 대 친밀: 사랑

친밀과 사랑의 시기는 밝고 따뜻한 햇살로 가득하다. 누군가를 사랑하고 다른 사람 안에서 자신의 모습을 찾는 것은 성취감과 기쁨을 가져다준다. 자녀가 생기고 기쁨과 풍요는 더 커진다. 아이들이 자라고 스스로 책임지는 모습을 지켜보는 것은 경이롭고 흐뭇한 일이다.

그러나 모두가 행운과 축복을 누리는 것은 아니다. 이 풍요로운 시기가 실현되지 않은 사람들은 고립감과 박탈감의 공격을 받는다. 인생에서 음미하고 기억할 만한 풍요로움을 얻지 못한 노인들이 고립감과 소외감을 느끼는 것은 당연한지도 모른다. 노년에 떠올릴 만한 과거의 이야기나 사진을 들여다보며 회상할 추억이 없는 경우, 예술이나 문학 또는 학문에 전념함으로써 그러한 상실감을 메울 수도 있다. 오로지 일과 소명 그리고 창작에 매달림으로써 행복을 얻는 이들도 있다.

제9단계에 접어든 모든 노인들은 그동안 익숙했던 관계 맺기의 방식에 더는 의지하지 못할 수 있다. 신체 능력의 저하와 다른 사람의 도움을 받아야 하는 상황 때문에 이제까지 사람들을 만나고 접촉하던 방식에 그늘이 드리울 수 있다. 주위 사람들이 불편해하거나 어색한 분위기를 어떻게 깨야 할지 모르기 때문에 노인들이 대화를 더 자주 이끌어야 하는지도 모른다. '익숙하지 않은' 누군가와 어떻게 상호 작용을 해야 하는지 혼란을 느끼는 데서 비롯되는 어색함은 많은 노인들에게서 잠재적인 관계와 친밀한 교류를 앗아간다. 심지어 노인들의 모임은 상황에 따라 축소되거나 확대되며 자주 변경된다.

침체 대 생산력: 배려

생산력의 시기는 도표에서 가장 긴 시간—약 30년—에 걸쳐 있다. 개인은 일에 전념하고 가정을 꾸리면서 가족의 건강을 증진시키고 생산적인 활동을 하는 데 시간과 에너지를 쏟아 붓는다. 이 시기에 일과 가족 관계는 개인으로 하여금 양육의 의무를 다하고 다양한 책임을 지고 관심사를 돌보게 한다. 이것이 만족스럽게 조화를 이룰 때 모든 것이 순조롭고 풍요로울 수 있다. 살아 있고 돌보고 돌봄을 받으며 가족들과 친구들에 둘러싸여 있다는 것만으로도 이 시기는 경이롭다. 이 시기는 경직되고 부담스럽지만 도전적이고 흥미진진하기도 하다. 또한 개인은 공동체와, 공동체 내의 다양한 활동에 참여하기도 한다. 참여해야 할 일이 산더미처럼 쌓일 수도 있지만 결코 따분하지는 않다.

이 힘든 시기가 끝나갈 무렵 개인은 그만 물러나서 쉬고 싶은 충동을 느끼기도 하지만 그것이 현실이 되었을 때 경험하는 것은 소속감과 쓸모가 있다는 뿌듯함의 상실이다. 80대나 90대가 되면 개인은 기력을 잃기 시작하고 분주하게 움직이는 주위 사람들에게서 전해지는 돌연한 변화에 빠르게 적응할 능력도 줄어든다. 활동적인 개인들의 주요한 참여로 이루어지는 생산력이 노인에게는 더는 기대되지 않는다. 이는 노인들에게 배려라는 과제를 면제해준다. 하지만 아무런 요구를 받지 않는다는 것은 쓸모가 없어졌다는 의미로 받아들여질 수도 있다. 할 일이 주어지지 않을 때 침체감은 커진다. 물론 이러한 상태를 휴식으로 기꺼이 받아들이는 이들도 있을 것이다. 그러나 한 개인이 생산력과 창의성 그리고 타인을 돌보는 책무에서 완전히 물러나야 한다면 그것은 죽음보다 비참할 것이다.

절망과 혐오 대 자아 완성: 지혜

우리는 '지혜'를 최종적으로 정의 내리면서, 지혜가 듣고 기억하는 능력뿐만 아니라 보고 기억하는 능력에 기초를 두고 있음을 주장했다. 자아 완성에는 눈치와 친교와 감수성이 필요하다고 생각한다. 이는 노인들의 건강한 정신에 필수적인 것들이다. 임기응변을 익히는 데에는 평생이 걸리며 여기에는 인내와 수완도 필요하다. 반면 무기력과 좌절에 빠지기는 너무나 쉽다. 90세가 되면 안경을 어디에 두었는지 찾는 것도 쉽지 않다. 청력을 보완해주는 기기나 안과 수술의 발전은 환영할 만하지만 제9단계의 노인들이 지혜에 필요한 좋은 시력이나 밝은 귀를 유지하는 경우는 드물다.

동조적 요소와 이조적 요소가 충돌할 때 시간은 이조적 요소의 편이다. 이제 절망이 '곁에' 머무는 것이다. 제9단계의 절망은 제8단계의 절망과 다소 상이한 경험을 반영한다. 제8단계의 삶에는 그때까지의 생애에 대한 회고적 설명이 포함된다. 놓쳐버린 기회들을 아쉬워하는 게 아니라 지금까지 잘 살아왔다는 생각으로 삶을 얼마나 긍정하는지가 개인이 경험하는 혐오와 좌절의 정도를 결정한다. 에릭이 우리에게 상기시켜주었듯이, "시간이 부족하다는, 새로운 삶을 시작하고 다른 길을 가기에는 시간이 너무 부족하다는 생각은 절망으로 표출된다."*

80대와 90대의 개인은 이런 절망의 사치조차 누리지 못할지도 모른다. 기능의 상실과 붕괴는 노인의 주의력을 거의 전적으로 요구할 수도 있다. 노인의 주의력은 일상적인 기능에 대한 우려에 완전히 사로잡혀, 지나온 삶에 얼마나 만족하는지와 상관

---

* *Childhood and Society*, p. 269.

없이 이제는 별 탈 없이 하루를 보내는 것만으로도 만족해야 하는 상황이 된다. 물론 이처럼 좀 더 직접적이고 심각한 상황에 반응하는 가운데 자신의 과거에 대한 평가에 따라 절망이 더 악화되기도 한다.

80대나 90대의 노인은 줄곧 관계가 먼 사람들은 물론이고 가까운 사람들—부모, 배우자, 심지어 자녀—을 잃는 경험을 한다. 이러한 경험은 그리 멀지 않은 곳에 죽음의 문이 열려 있다는 분명한 예고와 함께 감당하기 어려운 슬픔을 불러일으킨다.

90세 이상의 나이가 되어 이러한 난관과 상실에 맞서야 할 때, 우리에게는 의지할 만한 확실한 발판이 있다. 우리는 생애 초기부터 기본적 신뢰라는 축복을 누린다. 기본적 신뢰가 없는 삶은 불가능하며, 우리는 그것을 품고 긴 인생을 버텨낸다. 영속적인 강점으로서 기본적 신뢰는 희망을 뒷받침해준다. 기본적 신뢰의 원천이 구체적으로 무엇이든, 그리고 희망이 그 어떤 가혹한 도전을 받든 간에, 기본적 신뢰는 결코 우리를 완전히 저버리지 않는다. 기본적 신뢰가 없는 인생은 생각조차 할 수 없다. 이후의 덕목과 지혜의 씨앗이 될 수 있는 존재의 강인함과 희망을 온전히 품고 있다면, 우리에겐 여전히 살아야 할 이유가 있는 것이다. 나는 노인들이 제9단계의 삶에서 이조적 요소들을 수용하게 될 때 비로소 '노년의 초월(gerotranscendence)'에 이르는 길로 성공적으로 나아갈 수 있다고 믿는다.

에릭이 종종 지적했듯이, 개인의 생애 주기는 그것이 성취되는 사회적 환경과 따로 떨어져서 이해될 수 없다. 개인과 사회는 복잡하게 얽혀 있으며 계속되는 변화 속에서 역동적인 상호 관계를 맺는다. 에릭에 따르면 "문화적으로 지속 가능한 노년기의 이상적 모델이 결핍되어 있을 때 삶의 총체성이라는 개념이 우리 문명에 뿌리를 내릴 수 없다." 이렇게 되면 우리 사회는 주요한 양식이나 관습 혹은 사회의 필수적인 기능에 노인들을 통합하는 방법을 알 수 없게 된다. 노인들이 사회에 통합되기보다 배척과 경시, 간과의 대상이 되고 더는 지혜를 지닌 사람들이 아닌 불명예의 화신이 되는 것이다. 제9단계에서 노인이 겪는 여러 어려움이 사회적 경시를 초래하는 동시에 사회적 경시에 의해 악화되기도 한다는 점을 인식하면서, 우리는 이제 노인과 사회의 상호 작용을 좀 더 자세히 살펴보고자 한다.

6장

노인과 공동체

손주들과 나누는 솔직한 대화는 노인들에게 즐거운 경험이다. 나는 어느 화창한 날 어린 크리스토퍼와 함께 블루베리를 따는 근사한 일이 자랑스러웠다. 크리스토퍼는 아래쪽 가지에 손을 뻗어 블루베리를 땄고 나는 위쪽 가지를 분주하게 훑었다. 우리는 단 하나의 열매도 남기지 않았고 바구니는 점점 수북해졌다. 잠시 후 나는 바위에 걸터앉아 잠시 쉬어야 했지만 아이는 그렇지 않았다. 블루베리를 조금 더 따던 아이가 몸을 일으켜 세우더니 정곡을 찌르는 말을 했다. "할머니, 할머니는 늙었고 저는 어려요." 그것은 이의를 제기할 수 없는 주장이었다.

알다시피 이 나라에서 낡고 쓸모없는 것들은 쓰레기 처리장으로 보내진다. 하지만 '재활용'을 통해 낡은 것들의 효용을 얼마간 연장해 엄청난 쓰레기 더미로 땅에 과도한 부담을 지우는 것을 막는다. 우리는 노인들을 쓰레기 처리장으로 보내지 않는다. 그렇지만 그들의 재생을 위해 충분히 노력하는 것도 아니다. 만일 우리가 노인들에게 더 나은 안과 치료와 안경 그리고 보청기를 이용하도록 해주고 그들에게 큰 활자로 인쇄된 책과 잡지와 신문을 제공한다면 어떻게 될까? 모든 보건 전문가들은 건강과 이동 능력을 유지하기 위해 규칙적인 걷기 같은 최소한의 운동이라도 하기를 권한다. 하지만 노인들이 천천히 걸을 수 있는 안전한 보행로가 있는 도시는 거의 없다. 쇼핑을 마치고 집으로 돌아가는 노인들이 장바구니를 내려놓고 잠깐 숨을 돌릴 수 있도록 인도에 벤치를 설치해놓은 도시를 이 나라에서 본 적이 있는가?

나의 삶이 잘못 명명된 제8단계의 영역과 마지막 단계에 접어들면서, 나는 끊임없이 마주치는 예상치 못한 경험과 목격한 것들에 대해 궁금증이 생기기 시작했다. 우리 사회가 일반적으로 노인들을 대하는 태도는 당혹스럽기만 하다. 역사적, 인류학적, 종교적 문헌들은 고대 사회의 노인들이 환영받는 존재였으며 심지어 공경의 대상이었다고 기록하지만, 노인들에 대한 금세기의 반응은 비웃음과 경멸, 심지어 혐오로 표출되고 있다. 노인들에게 도움을 줄 때도 호들갑스럽고 지나친 경향이 있다. 노인들의 자부심은 상처를 입고 자존감은 위기에 처해 있다. 놀이가 완전히 배제된 제2의 유년기가 노인들에게 주어졌다. 노인이 계단을 잘 오르지 못하거나 걷다가 비틀거리면 그것은 사고 능력과 기억력 감퇴와 동일시되곤 한다. 노인들로서는 이러한 시선에 순응하는 것이 거부하는 것보다 차라리 쉽다. 청각과 시각을 잃은 노인들은 결핍에 대처하고 자신만의 감정, 판단, 속도를 마음속 깊이 품고 자기 삶을 살기 위해 자기 권리를 지켜내는 나름의 방법을 찾는다. 노인들은 그들을 돕기 위해 만들어진 훌륭한 기관들의 도움을 받기도 한다.

자기 자신을 아는 것이 진정한 지혜임을 깨닫고 우리가 눈과 귀를 연다고 가정해보자. 그러한 깨달음 자체가 죽음의 문에 이르는 마지막 여정을 준비하는 데 어떤 도움을 줄 수 있을까? 노인들이 생애 주기 마지막 단계들을 수월하게 이행하고 자기 존재를 받아들이기 위해 사회가 무엇을 할 수 있을까? 전체 인구의 평균 연령은 점점 높아지고 있다. 그 어느 때보다 80세 이상의 인구 비중이 늘고 있으며, 의학은 평균 수명의 연장을 위해 큰 진전을 이뤄내고 있다. 하지만 노인들을 우리 사회와 가구 형태에 통합시키는 프로그램은 적절하게 구상되지 않고 설계되지 않는다.

정부, 특히 대도시 지자체가 노인들을 어떻게 지원하고 보살

필지 고려하기 시작했을 때 비로소 우리는 앞으로 나아갔다. 노인들에게 24시간 돌봄이 필요하다는 점은 분명했다. 주거형 노인 복지 시설들이 도시 내에 생겨났지만 도시는 번잡하고 시끄러웠고 오염된 공기도 문제였다. 이에 따라 교외에서 적절한 단지를 찾으려는 노력이 있었고 이내 교외에 저렴한 미개발 택지가 많고, 교외 개발이 여러모로 실용적이라는 사실에 주목했다. 넓은 땅에 개발과 투자가 이루어졌고 건물이 들어섰다. 이런 단지들은 주변 환경이 아름다운 곳에 자리 잡고 있고, 훌륭한 간호와 관리뿐만 아니라 완벽하게 계획된 즐길 거리도 제공한다. 시설들을 위해 선택된 지역에는 아름다운 나무와 연못이 있으며, '입소자들'이 이용할 수 있는 짧은 거리의 매력적인 산책로도 있다. 노인들을 위한 주거 시설이 모든 면에서 그들의 필요에 적합하게 설계되어 있다는 점은 분명하다. 그러한 사실 자체에는 논쟁이나 비난의 여지가 없지만 문제는 입소 비용이 보통 사람들에게는 지나치게 높다는 점이다.

우리는 일반적으로 주거 시설의 규모가 크면 클수록 직원들의 전문성과 분업화 정도가 높다는 사실을 발견했다. 많은 직원들은 밤에도 대기하고 있어야 한다. 직원들의 과도한 업무량은 높은 이직률로 이어지며 서투른 신입 직원이 업무를 이어받는다. 대부분의 직원들이 시설 밖에 거주하기 때문에 넓은 주차

장은 필수이다. 트럭이 음식, 사무 용품, 의류, 오락 용품을 실어 나른다. 미용사가 정기적으로 방문하고 노인들의 건강을 살피는 전문의와 치과의사, 안마사가 일정에 맞춰 방문한다. 주방에서 일하는 직원들, 서빙을 하는 직원들 모두 출퇴근을 한다. 청소를 담당하는 직원들은 '입소자'와 손님들을 맞이하기 위해 아침 일찍부터 바쁘게 움직인다. 이처럼 시설은 마치 호텔처럼 운영된다. 다양한 활동의 책임자와 위원회가 협조하며 활동 프로그램을 매일 진행한다. 주일 예배, 특별 행사, 공휴일 프로그램도 규칙적으로 계획된다. '입소자'들은 나름의 희망과 소망을 품고 특별한 행사에 참여할 기회가 있으며, 이 중 빙고 게임의 인기는 매우 높다. 이처럼 많은 일들이 훌륭하게 실행된다는 사실은 주목할 만하며 칭찬받기에 부족함이 없다.

이 모든 것들이 노인들을 위해 준비되어 있고 의사와 간호사도 마찬가지이다. 노인들은 행동이 느려지거나 불안정해질 수 있고 일시적으로 거동이 불편할 수도 있다. 많은 이들이 휠체어나 지팡이가 필요하고 개중에는 노인용 기저귀를 착용해야 하는 이도 있다. 소화에 문제가 있는 사람도 있고 골절상을 입은 뒤 회복이 되지 않는 사람도 있다. 노인들의 공동체는 위태롭기 짝이 없다. 상호 작용과 일상적 기능의 연속성은 조직 체계의 어떤 예상치 못한 장애나 입소자와 직원들의 인적 변동에 의해 끊임없이 위협받는다.

뭔가 끔찍하게 잘못되었다. 신체적인 보호와 안락함 속에서 살게 해준다는 이유로 노인들을 '이 세상에서' 멀리 떨어진 시설로 보내는 것이 왜 필수적인 일이 되었는가? 모든 인간은 저마다 희로애락 속에서 늙어 간다. 그런데 만일 우리의 역할 모델들이 우리와 함께 살아가지 않는다면, 인생의 종말—우리 모두가 홀로 직면해야 하는—을 준비하는 방법을 노인들에게서 어떻게 배울 수 있겠는가? 꿈같은 얘기일지 모르지만, 해결책은 도시마다 모든 사람이 이용할 수 있는 공원—쾌적하고 관리가 잘 되는—을 만드는 것이다. 그리고 공원의 한복판에 노인들을 위한 주거 시설을 만드는 것이다. 노인들은 공원에서 걷거나 휠체어를 탄 채 짧은 산책을 할 수 있을 것이고 그들을 방문한 친척이나 가까운 친구들과 테라스에 마주 앉아 대화를 나눌 수도 있을 것이다. 모든 이가 노인들에게 말을 걸고 그들의 이야기를 들으며 그들이 여전히 우리에게 전하는 지혜를 배울 수 있을 것이다.

우리가 가깝거나 먼 친구와 친척들을 잃으며 제8단계를 통과했다고 가정해보자. 신체적인 힘과 능력은 서서히 그러나 불가피하게 우리를 좌절시킬 것이다. 우리 대부분은 90대에 들어선 친구나 친척들과 긴밀한 관계를 유지하지 못했고, 그래서 제9단계에서 펼쳐지는 인생의 경험을 온전히 공유하지 못했다. 알 수 없는 미래에 순응하고 그러한 미래를 가능한 한 풍요롭고 유의미하며 고무적인 것으로 만드는 방법을 어떻게 계획하고 상상해낼 수 있을까? 우리는 훌륭하게 나이 든 노인의 사례를 어떻게 접하고 스스로 각성해야 할까? 90대의 노인들은 한자리에 모여 각자의 새로운 경험을 비교하며 유쾌한 단기 계획을 세워야 한다. 또한 젊은이들의 세계에 참여하는 것을 줄이고 그것을 얼마든지 덜 매력적으로 느끼는 데서 얻는 이점과 만족감을 공유해야 한다.

남부 유럽의 거리에서 집 밖의 벤치에 앉은 노인들이 파이프 담배를 물고 잡담을 하면서 오가는 행인들을 구경하는 모습을 본 기억이 있다. 여자들은 실내에서 담소를 나누었다. 남자들과 대화의 주제는 달랐지만 그들도 담소를 즐겼다. 우리는 중국, 인도, 티베트에 젊은 추종자들과 제자들이 가져다주는 음식을 먹으며 동굴에서 생활하는 나이 든 현자들이 있음을 알고 있다. 고독은 그들을 두렵게 만들지 못하고, 방문자들은 그들에게 영감과 힘을 가져다주고 삶에 가치를 부여해준다.

혹한의 대자연에서도 고유한 양식이 고안되었다. 수렵과 어로에 더 유리한 곳을 찾아 공동체가 이동을 할 때 에스키모들은 썰매와 개 그리고 모든 장비와 충분한 식량을 갖추고 길을 떠난다. 매서운 추위 때문에 중간에 잠시라도 멈추는 것은 있을 수 없는 일이다. 만일 어느 노인이 더 갈 수 없게 되면 한 사람이 들어가기에 충분한 크기의 이글루를 만든다. 노인은 그곳에 혼자 남겨진다. 노인은 그것이 영원한 이별이라는 것을 이미 알고 있으며 아마 그렇게 되기를 바라기도 할 것이다. 공동체의 이동을 지체시키며 모두를 위험에 빠뜨리는 것보다는 동사하는 편이 나은 것이다. 에스키모들은 사는 동안 최후를 준비한다. 이러한 필요성을 모든 이가 이해하기 때문에 노인들은 숭배와 존경을 받는다. 모든 구성원이 이 의식에 참여해 노인에게 예의를 갖춘다. 어쩌면 우리 문화는 그와 같은 위엄과 예우가 있는 죽음의 예식을 바칠 만큼 충분히 공동체를 믿고 신뢰하지 않을지도 모른다.

우리에게는 그러한 작별에 어울리는 단어와 표현, 노래와 태도가 없는 것 같다. 물론 우리는 이런 만가(挽歌)를 알고 있다.

> 그대는 저 황량한 골짜기를 건너야 하네.
> 그 골짜기를 혼자서 건너야 하네.
> 아무도 그 길을 대신 가줄 수는 없네.
> 그대는 저 황량한 골짜기를 건너야 하네.

우리는 침울해하고 슬퍼하기만 해야 할까? 우리가 죽어 가듯 이미 죽음을 맞이한 다른 모든 동물들과 인간들의 경우는 어떠했을까? 더는 배고픔을 두려워하지 않는 채로 그저 달리고 기고 서고 날고 춤추고 해방의 목소리로 웃고 떠들고 노래하고 겁내지 않고 호기심을 느끼며 자유롭고 초월한 상태. 이 모든 게 함께하는 그 골짜기를 공유할 준비를 할 수 있지 않을까?

나는 일반 가정에서 '버틸' 수 없는 여러 노인들과 함께 지내며 그들을 관찰할 기회가 있었다. 그들에게는 전문 요양 시설의 특별한 간호와 도움이 필요했다. 나는 이 노인들이 보행에 어떤 어려움—지팡이나 보행 보조 기구가 있다고 해도—을 겪는지, 똑바로 서있는 게 얼마나 힘든지, 바로 앉는다는 게 얼마나 힘든 일인지를 관찰했다. 생기와 생체 리듬은 이미 그들의 몸에 남아 있지 않았다. 넘어지는 것은 부상의 위험과 이후 겪게 되는 불편함과 좌절감 때문에 항상 위협이 된다. 그들이 어떻게든 버텨내는 모습은 늘 경이롭다. 그것은 삶의 시련과 문제에 상대적으로 쉽게 대처하는 젊은 세대에게는 예고와도 같다.

세상과 떨어져 체념한 채 살아가는 이 노인들은 어디에서 활력과 자극, 즐거움 그리고 생존에 필수적인 영혼과 의식의 양식을 얻을 수 있을까? 자연과 변화하는 계절의 아름다움은 확실히 우리 모두에게 크고 작은 놀라움과 자극을 준다. 예술은 늘 나름의 역할을 한다. 아름다움, 노래 그리고 모든 감각의 반응은 여전히 의지하고 받아들일 수 있는 것들로 남아 있다. 종교적인 모임은 구성원들과 상황이 어려운 사람들에게 지속적으로 도움을 준다. 가족들은 관계를 유지하기 위해 그들이 할 수 있는 일을 하면서 도움과 온기를 전하는 일을 늘려 간다. 거리가 멀어 가족들의 참여가 제한되는 경우 호스피스 같은 단체가 도움을 청하는 사람들을 방문하여 지원 활동을 벌이기도 한다.

노인들과 관계를 맺기 위한 어떤 특별한 방법이 있을지 질문할 수도 있다. 우리가 마음과 의식과 정신이 담긴 만남을 위해 더 높은 품위와 섬세함을 어떻게 표현할 수 있을까? 어떤 면에서 우리는 그 진정한 의미를 이해하지 못할지언정 사실 질문에 대한 대답은 알고 있다. 우리는 정말 곤란한 문제에 맞닥뜨릴 때 우리 자신보다 식견이 있는 사람들의 '손에' 그 문제를 맡기곤 한다. 물론 이상적인 의료 시설은 이해력과 능력과 실력이 있는 전문가의 손을 제공해준다. 그들은 철저하게 훈련받았으며 요구를 표현할 수단이 제한된 이들과 소통을 하는 데 많은 경험이 있다. '손에'라는 표현만큼 환자들에게 전해지는 손의 중요성을 분명하게 말해주는 표현은 없을 것이다. 관심과 섬세함이 담긴 손의 사용은 고립되고 버림받았다고 느끼는 환자들에게 돌봄과 위안을 건네는 관계에서 우리 모두의 삶을 더욱 의미 있게 만들 것이다. 손은 삶에서 중요한 관계를 맺는 데 필수적이다.

나는 세상과 떨어져 사는 노인들이 매일은 아니더라도 정기적으로 마사지를 받을 수만 있다면 놀라울 정도로 활력을 되찾고 편안해지리라 믿는다. 여기서 건강 관리를 위한 필수적인 접촉—즉, 위생과 관리를 위한 접촉(예컨대 몸을 닦아주고 일으켜 세워주고 음식을 먹여주는 데서 하는 접촉)—과 소통을 위한 접촉—즉, 인간적 관계에서 일어나는 접촉(예컨대 등과 어깨를 문질러주고 손을 잡아주는 행동)—을 구분해야 한다. 건강 관리를 위한 접촉도 존중과 인간적 배려에서 제공될 수 있으며, 그것은 환자로 하여금 자신이 깨끗이 닦여서 옮겨지는 물건이 아니라 사람으로 대우받고 있다고 느끼게 해준다.

7장

나이 듦에 대하여

노인들이 신체 기능의 저하와 능력의 퇴보를 어떻게 받아들이는지 줄곧 관찰해 온 노인 질환 전문의들은 노인들이 보여주는 특정한 상태를 묘사하기 위해 '노년의 초월(gerotranscendence)'이라는 단어를 사용하기 시작했다. 스웨덴 웁살라대학의 라르스 토른스탐(Lars Tornstam)과 그의 동료들이 제시한 '노년의 초월'이라는 단어의 정의를 아래에 인용한다.

다른 연구자들의 이론과 관찰은 물론이고 우리가 수행한 연구의 출발점에서도 …… 우리는 인간의 노화, 즉 노년의 삶으로 접어드는 과정 자체에 초월을 향한 보편적 가능성이 포함되어 있다고 생각한다. 간단히 말해서 노년 초월은 물질적이고 이성적인 관점에서 좀 더 보편적이고 초월적인 관점으로, 즉 한 걸음 물러서서 바라보는 관점으로 옮겨 가는 것이라 할 수 있다. 이것은 일반적으로 삶의 만족도가 커지는 것으로 이어지기도 한다. '종교'의 정의를 따르자면 초월 이론은 종교적 발달 이론으로 여겨질 수도 있고 아닐 수도 있다. 뉘스트롬(Nystrom)과 안데르손-세게스텐(Andersson-Segesten)은 말기 환자들을 대상으로 한 연구(1990년)에서 일부 환자들이 마음의 평화를 누리고 있음을 발견했다. 그들의 상태는 우리가 생각하는 초월의 개념과 여러모로 비슷하다. 하지만 이 연구에서 그러한 정신적 상태와 환자들의 신앙이나 종교 활동 사이의 연관성은 드러나지 않았다. 환자들은 종교와 상관없이 정신적으로 평화로운 상태에 도달한 것이었다. …… 개별화 과정에 관한 융의 이론에서와 마찬가지로, 초월은 성숙과 지혜로 나아가는 자연스러운 과정의 마지막 단계로 여겨진다. 융의 이론이 정의하는 현실은 노인학(gerontology)이 노년에 투영하는 일반적인 중년의 현실과 조금 다르다. 이 이론에 따르면 초월한 개인은 우주의 정신과 보편적으로 교감하는 새로운 감정을 경험한다. 이 경험은 시간, 공간, 삶과 죽음에 대한 재정의이며 자기에 대한 재정의이다. 또한 초월한 개인은 물질적인 관심이 줄어들고 홀로 '명상'하고자 하는 욕구를 더 많이 경험하기도 한다.*

이 연구자들은 노인학의 다양한 견해와 선불교의 이론적 기여 그리고 다양한 학문 분야의 기여를 토대로 하여 논의를 계속하고 있다.

위의 보고서에서 인용된 진술들은 초월한 개인들의 경험을 다음과 같이 묘사하고 있다.

1. "우주의 정신과 보편적으로 교감하는 새로운 감정"이 있으며, 이와 관련하여 나는 독자들이 루이스 토머스(Lewis Thomas)의 《The Lives of a Cell》을 참고하기를 권한다.

2. 시간은 지금 또는 한 주 뒤 정도로 제한되어 있다. 90대의 노인들에게 그 이상의 전망은 안개에 싸여 있다.

3. 공간은 우리의 신체적 능력의 범위로 천천히 감소한다.

4. 죽음은 동조적 경향을 띠게 되며 모든 살아 있는 것들의 이치가 된다.

5. 자기에 대한 의식은 상호 관계를 맺고 있는 다양한 타자를 포함하면서 확대된다.

---

* L. E. Thomas and S. A. Eisenhandler 편저, *Aging and the Religious Dimension*(Westport, Conn.: Greenwood Publishing Group, 1993)에 수록된 L. Tornstam, "Gerotranscendence: A Theoretical and Empirical Exploration"에서 인용

'초월'은 자유롭게 사용하기가 꺼려지는 단어이다. 이 단어에 특별하고 성스러운 사람들의 무엇인가가 있기 때문이다. 사전적으로 '초월하다'라는 단어에는 '한계를 뛰어넘다, 탁월하다, 능가하다' 또는 '만물과 시간을 넘어서다'라는 의미가 있다. '초월'은 그 자체로 종교의 영역에 있으며, 여기에서 초월은 신성한 토대 위에서 일상적인 용례로부터 보호를 받는다. 이 단어는 모든 진정한 신앙인의 희망과 기대를 표현하는 한편 인간의 지식을 전달하는 영역에 두루 걸쳐 있기 때문에 그것이 종교적 맥락에서 사용된다는 사실은 그리 놀랄 일이 아니다.

역사가들은 동양에서 오랫동안 봉사하고 올바른 판단을 내리며 살아온 노인이 어떻게 존경을 받았는지 보여주는 증거를 제시한다. 공동체 생활의 부산스러움을 등지고 자기 삶을 살기 위해 산이나 오지로 들어가는 현명한 노인들에게 공동체는 찬사를 보냈다. 비록 은거 생활이 외로웠을지는 모르나 그들은 자기 존중을 잃지 않을 수 있었다. 그리고 많은 노인들은 여러 해의 은거 생활을 감당하기에 충분한 음식과 적절한 보살핌을 받았다. 나는 세계 여러 지역에서 영적 지도자들이 수도원과 수녀원의 분주한 일정에서 벗어나 은거를 택한다는 사실도 알고 있다.

어쩌면 노인들은 오로지 고독 가운데에서 자신의 존재 양태를 돌아볼 수 있는지도 모른다. 다른 어떤 환경에서 시간이 신체와 정신에 가하는 변화를 받아들이고 마음의 평화를 얻을 수 있겠는가? 질주와 경쟁은 끝이 났다. 분주함과 긴장에서 자신을 해방시키는 것은 노년기에 꼭 필요한 일이다. 어떤 이는 이러한 사실을 일찍 깨닫고 어떤 이는 너무 늦게 깨닫는다.

이렇게 일상적 삶에서 의도적으로 물러나는 '은거'는 의식적으로 선택한 은거이다. 하지만 이러한 태도가 반드시 역동적 참여가 결여된 상태를 의미하는 것은 아니다. 에릭이 '깊숙이 관여하는 초탈'이라고 일컬은 것처럼, 벗어나 있으면서도 지속적으로 참여하는 상태도 있을 수 있다. 이 역설적인 상태는 초월적 특징, 즉 '물질적이고 이성적인 관점에서 좀 더 보편적이고 초월적인 관점으로 옮겨가는 것'을 보여주지 못하는 것으로 비칠 수도 있다. 하지만 은거와 은둔이 인생과 타인에 대한 경멸에서 비롯된 것이라면 앞서 말한 마음의 평화와 초월은 경험할 수 없을 것이다.

은거를 선택하는 사치를 누릴 수 있는 사람은 운이 좋은 편이다. 많은 노인들이 은거를 강요받는다. 눈, 귀, 치아, 뼈 그리고 모든 신체 기능의 약화는 필연적으로 타인과 외부 세계와의 접촉을 어렵게 한다. 신체 기능의 약화에 대한 정서적, 심리적 반응 또한 노인의 접촉 범위를 축소시킨다. 물론 사회가 이와 관련된 문제를 더욱 악화시킨다. 사회는 노인들을 눈에 띄지 않는 곳으로, 목소리가 들리지 않는 곳으로 내몬다. 선택한 은거와 강요된 은거의 차이는 요양 시설 안에서 분명해진다. 신체적 능력의 상실이 발생하면 당연히 환자의 사고방식이 바뀐다. 반대로 신체 능력이 개선되면 강요된 은거를 파기할 수도 있다. 불가능하지는 않겠지만 강요된 은거 앞에서 초월은 일어나기 힘들다.

우리는 노년기에도 사회적으로 유용한 존재로서 자기 의식을 구성하려는 노력으로 **시간 정체성**(time identity)이라는 개념을 검증받는다. 우리는 현재의 짐을 벗기 위해 더 나은 미래를 바라보곤 한다. 노년기의 일반적인 사회적 모델은 내려놓기를 권고할 뿐 새로운 삶과 역할—새로운 자기—을 추구하지 않는다. 노년기에 대한 잘못된 권고 또는 부정은 정상적인 발달을 위협한다. 성숙에서 죽음에 이르는 정상적인 심리 발달은 어떠해야 할까? 망상을 배제하고 늙어 가는 자기와 직면할 수 있는 용기는 불가능한 것일까? 단순히 나이보다 젊어 보인다는 것은 기만일 뿐이다. 겸손함이 담긴 지혜는 영원하고 강력하지만 이를 갖추기를 권하는 경우가 거의 없다. 자기 완성에 몰두하고 기대에 부응하려 노력하면서도, 우리는 정작 아마추어처럼 창의적인 활동과 상상력을 '추구'하기를 회피한다.

사실 우리는 더 인간다워져야 한다. 우리는 세상이 우리에게 부과하는 한계를 뛰어넘을 수 있는 자유를 발견하면서 성취를 추구해야 한다. 생애 초기에 우리는 받는 존재다. 중년에 이르러 자립하는 법을 배울 때 우리는 자기 삶을 완성하려면 다른 이들에게 주어야 하며, 이 세상을 떠날 즈음에는 주는 존재가 되어 있어야 한다는 사실을 배운다. 이러한 관점에서 죽음은 우리에게 마지막 선물이 될 수 있다. 우리 자신의 삶을 **살아감으로써** 우리가 나온 상점을 채울 만한 것들을 만들어내며 사는 게 불가능한 일은 아니라고 믿는다. 우리의 의무는 자신의 의식을 더욱 훌륭하게 만들기 위해 스스로 누구인지 분명히 밝히고 그것을 확장하는 것인지도 모른다. 우리의 근원으로 짐을 가득 싣고 돌아가려면 평생의 노력이 필요할 것이다.

노인학 연구자들은 '노년 초월'이라는 용어를 너무나 자주 사용하면서도 자신들이 말하는 바를 명료하게 설명하지는 못한다. 그들은 노년에 얻을 수 있는 보상에 충분히 주목하지 않는다. 또한 그들은 새롭고 긍정적인 정신적 선물도 충분히 생각하지 못하고 있다. 그것은 어쩌면 연구자들이 너무 젊기 때문인지도 모른다. 나는 노년에도 여전히 우아하게 들릴 수 있는 단어들을 활성화해 그 단어들을 역동적인 행동 요소로 만들고 싶다. 나는 'transcendence(초월)'가 'transcen**dance**'로 활성화될 때 훨씬 생동감을 지니게 된다는 사실을 발견했다. 후자는 정신과 신체에 호소력이 있으며, 진정한 성장과 열망을 방해하는 인간 존재의 세속적 측면을 외면하지 않으면서도 우리로 하여금 이조적 요소들을 뛰어넘을 것을 요구한다.

노년의 초월에 도달한다는 것은 세상과 시간에서 벗어나 그것을 능가하고 뛰어넘는 것이다. 그것은 인간의 모든 지식과 경험을 초월하는 것을 포함한다. 그렇다면 노년의 초월은 어떻게 성취할 수 있을까? 나는 오로지 직접 행함으로써 우리가 그렇게 될 수 있다고 믿는다. 초월은 은거의 경험에 한정될 필요가 없다. 손으로 만짐으로써 우리는 서로 그리고 이 세상과 연결된다. 'Transcen**dance**'는 놀이, 활동, 기쁨, 노래 같은 그동안 잃어버렸던 기능들을 되찾는 것이며 특히 죽음에 대한 두려움을 뛰어넘는 것이다. 그것은 미지의 세계를 향한 출발에 확실히 믿을 수 있는 발판을 제공한다. 묘하게도 이 모든 것은 우리에게 솔직하고 한결같은 겸손을 요구한다.

놀이, 활동, 기쁨, 노래는 우리를 참여로 이끈다. 'Transcen**dance**' 역시 마찬가지다! 그것은 또한 우리를 움직이게 한다. 그것은 예술이며, 살아 있고 노래를 부르며 음악을 만든다. 나는 그것이 내 영혼에 속삭이는 진실로 인해 기뻐한다. 이를 글로 옮기기 어려운 것은 이상한 일이 아니다. 'Transcen**dance**'는 예술가의 언어를 끌어낸다. 다른 어떤 것도 우리의 마음과 영혼에 그토록 깊고 의미 있게 말을 걸 수 없다. 삶의 위대한 춤(dance)은, 몸과 정신, 영혼과 관련된 모든 것을 재료로 삼아 직접 만들고 실천하는 영역으로 우리를 이끌 수 있다. 나이가 들어 초라함을 느낄 즈음 불현듯 거대한 풍요가 나타나 내 몸 구석구석을 비추고 이 세상 모든 곳의 아름다움에 다가가는 것에 나는 큰 감동을 받는다. 어딘가에서 존 키츠(John Keats)가 우리를 조용히 내려다보며 미소를 짓고 있을 것이다.

> 아름다움은 진리요, 진리는 아름다움이니 이것이
> 그대들이 이 세상에서 아는 전부이자, 알아야 할 전부이리라.

늙는다는 것은 대단한 특권이다. 그것은 회상 속에 떠올리는 긴 생애에 대한 피드백을 허락해준다. 세월이 지날수록 회상은 점점 포괄적이 되고 지나간 장면과 행동들은 더욱 생생해진다. 때로는 아득했던 일들이 당혹스러울 정도로 가까워지고, 기억 속에 떠오른 과거의 장면과 경험이 우리를 압도하기도 한다. 마음과 정신이 과거에 고착되는 제9단계에서는 흔히 가파른 산길을 오르는 듯한 자신의 모습을 발견하게 된다. 일출과 일몰을 바라볼 수 있는 최적의 지점에 이르기까지 사방이 바위와 덤불로 뒤덮인 좁은 오르막길을 올라야 한다. 하지만 우리는 한 걸음 내디딜 때마다 뿌듯함을 느끼고, 그렇게 더 높은 곳에 이르게 된다. 내딛는 걸음마다 풍경은 더 넓게 트이고 천천히 변하는 하늘과 구름이 시야에 들어온다.

그런데 이 모든 근사한 이야기와 더불어 우리는 이처럼 가파른 길을 오르는 것을 가능케 해주는 우리의 몸에 빚을 지고 있음을 깨닫는다. 그래서 우리는 등에 진 짐의 무게를 고려해야 하고, 이에 앞서 신체 기능을 적절하게 유지하기 위한 지속적인 관리에 관심을 기울여야 한다. 나는 제9단계에서는 소유물, 특히 감독과 관리가 필요한 짐의 무게를 가볍게 해야 한다고 믿는다. 그 목적이 명상 때문이든 아니든 산을 오르고자 한다면 가벼운 차림으로 길을 나서야 한다. 목표 지점에 도달하기 위해서는 평생의 훈련이 필요하다. 실패하고 뒷걸음질 치는 이유로 지형과 햇빛과 바람을 탓하기는 쉽다. 휴식 시간은 꼭 필요하지만 자기 연민에 허비할 시간이나 목적의식이 흔들릴 여유는 없다. 조명등도 꼭 필요하다. 낮은 짧고 길은 쉽게 어두워지기 때문이다. 어스름 속에서 노래는 즐거움을 준다. 어둠은 위안을 주고 사랑하는 소중한 이들에 대한 꿈을 꾸게 한다.

떠오르는 태양을 마주하고, 우리는 미끄러운 바위를 주의하고 가쁜 호흡을 간신히 유지하면서 나아갈 길을 결정한다. 속도를 늦춰야 할 때도 있고 계속 나아가겠다는 결정을 다시 확인해야 할 때도 있다. 계속 걸어야 할지 포기해야 할지 동조적 충동과 이조적 충동은 해내겠다는 의지를 두고 끊임없이 씨름을 한다. 우리는 도전에 맞닥뜨리고 시험을 받는다. 이러한 팽팽한 긴장에 집중하고 그것을 통제하는 것이야말로 성공의 뿌리이다. 모든 발걸음에서 동조적 자율성과 의지력은 시험받는다.

| 참고문헌 |

Benedek, T. "Parenthood as a developmental phase," *Journal of the American Psychoanalytic Association* 7 (1959): 389~417.

Blos, P. "The second individuation process of adolescence." *The Psychoanalytic Study of the Child* 22 (1967): 162~186.

______. "The life cycle as indicated by the nature of the transference in the psychoanalysis of adolescents." *International Journal of Psycho-Analysis* 61 (1980): 145~150.

Collingwood, R. G. *The Idea of History*. New York: Oxford University Press, 1956.

Einstein, A. *Ideas and Opinions*. New York: Crown Publishers, 1954.

Erikson, E. H. "Bilderbücher." *Zeitschrift für Psychoanalytische Paedagogik* 5 (1931): 417~445.

______. "Configurations in play—clinical notes." *Psychoanalytic Quarterly* (1937): 139~214.

______. "Freud's "The Origins of Psychoanalysis." *International Journal of Psycho-Analysis* 36 (1955): 1~15.

______. *Young Man Luther: A Study in Psychoanalysis and History*. New York: W. W. Norton, 1958.

______. *Identity and the Life Cycle*. New York: W. W. Norton, 1980.

______. *Childhood and Society*. New York: W. W. Norton, 1951; revised

1963.
______. *Insight and Responsibility*. New York: W. W. Norton, 1964.
______. *Gandhi's Truth*. New York: W. W. Norton, 1969.
______. *Dimensions of a New Identity: The 1973 Jefferson Lectures*. New York: W. W. Norton, 1974.
______. *Toys and Reasons: Stages in the Ritualization of Experiece*. New York: W. W. Norton, 1977.
______. *Life History and the Historical Moment*. New York: W. W. Norton, 1978.
______. "Elements of a psychoanalytic theory of psychosocial development." In *The Course of Life, Psychoanalytic Contributions Toward Understanding Personality Development*, edited by S. I. Greenspan and G. H. Pollack. Washington, D. C.: U. S. Government Printing Office, 1980(a).
______. "Psychoanalytic reflections on Einstein's Centenary." *In: Einstein and Humanism*. New York: Aspen Institute for Humanistic Studies, 1980(b).
______. "On the generational cycle: and address." *International Journal of Psycho-Analysis* 61 (1980(c)): 213~222.
______. "The Galilean sayings and the sense of 'I'." *Yale Review* Spring (1981): 321~362.
Erikson, J. M. "Eye to eye." *In The Man-Made Object*, edited by G. Kepes. New York: Braziller, 1966.
______. (with Erik H. Erikson.) "Growth and crises of the 'healthy personality'." In *Symposium on the Healthy Personality*, edited by M. Senn. New York: Josiah Macy Foundation, 1950.
______. *Activity—Recovery—Growth, The Communal Role of Planned Activity*. New York: W. W. Norton, 1976.
Erikson, K. T. *Wayward Puritans*. New York: Wiley, 1966.

Freud, A. "The concept of development lines." *The Psychoanalytic Study of the Child* 18:245~265, 1963.

______. *Normality and Pathology in Childhood: Assessments of Development*. New York: International Universities Press, 1966.

______. *The Ego and the Mechanisms of Defense* (1936). New York: International Universities Press, 1966.

______. "Child analysis as the study of mental growth (normal and abnormal)." In *The Course of Life: Psychoanalytic Contributions Toward Understanding Personality Development*, vol. 1, *Infancy and Early Childhood*, edited by S. I. Greenspan and G. H. Pollack. Washington, D. C.: U. S. Government Printing Office, 1980.

Freud, S. "On narcissism: An introduction" (1914). *Standard Edition*, 14:67~102. London: Hogarth Press; New York: W. W. Norton, 1957.

______. *The Origins of Psychoanalysis. Letters to Wilhelm Fliess, Drafts and Notes: 1887~1902*. Edited by Bonaparte. M.: Freud, A.: and Kris, E. London: Imago, 1954. New York: Basic Books, 1954.

______. "Group psychology and the analysis of the ego" (1921). *Standard Edition*, 18:69~143. London: Hogarth Press; New York: W. W. Norton, 1955.

______. "The ego and the id" (1923). *Standard Edition*, 19:12~66. London: Hogarth Press; New York: W. W. Norton, 1961.

______. "Civilization and its discontents."(1930[1929]). *Standard Edition*, 21:59~145. London: Hogarth Press; New York: W. W. Norton, 1961.

______. "New introductory lectures on psycho-analysis" (1933). *Standard Edition*, 22:7~182. London: Hogarth Press; New York: W. W. Norton, 1964.

Greenspan, S. I. "An integrated approach to intelligence and adaptation: A synthesis of psychoanalytic and Piagetian developmental psychology." *Psychological Issues*. Vols. 3 and 4. New York: Inteantional Universities Press, 1979.

Greenspan, S. I. and Pollock, G. H., eds. *The Course of Life: Psychoanalytic Contributions Toward Understanding Personality Development*. Vol. 1: *Infancy and Early Childhood*. Washington, D. C. : U. S. Government Printing Office, 1980.

Harmann, H. *Ego Psychology and the Problem of Adaptation* (1939). Translated by David Rapaport. New York: International Universities Press, 1958.

______. "Notes on the reality principle." *The Psychoanalytic Study of the Child* 11 (1956): 31~53.

______. "On rational and irrational actions." *Psychoanalysis and the Social Sciences*, Vol. 1. New York: International Universities Press, 1947.

Huxley, J. *From an Antique Land: Ancient and Modern in the Middle East*. New York: Harper and Row, 1966.

James, W. *The Letters of William James*. Edited by H. James. Boston: Atlantic Monthly Press, 1920.

Jones, E. *The Life and Work of Sigmund Freud*. London: Hogarth Press, 1953; New York: Basic Books, 1953.

Kakar, S. *The Inner World: A Psychoanalytic Study of Hindu Childhood and Society*. New Delhi and New York: Oxford University Press, 1977.

King, P. "The life cycle as indicated by the nature of the transference in the psychoanalysis of the middle-aged and elderly." *International Journal of Psycho-Analysis* 61 (1980): 153~159.

Knox, B. *Oedipus at Thebes*. New York: W. W. Norton, 1957.

Lifton, R. J. *History and Human Survival*. New York: Random House,

1970.

Loewenstein, R. M.; Newman, L. M.; Schur, M.; and Solnit, A., eds. *Psycho-analysis, A general Psychology*. New York: International Universities Press, 1966.

Lorenz, K. "Ritualization in the psychosocial evolution of human culture." In: Sir Julian Huxley, ed. *Philosophical Transactions of the Royal Society of London*. Series B, no. 172, col. 251, 2966.

______. *Die Ruckseite des Spiegels*. Munich: R. Piper & Co., 1973.

Neubauer, P. B. "The life cycle as indicated by the nature of the transference in the psychoanalysis of children." *International Journal of Psycho-Analysis* 61 (1980): 137~143.

Piaget, J. "The general problems of the psychobiological development of the child." In *Discussions on Child Development*. Vol. IV, edited by Tanner, Jr., and B. Inhelder, pp. 3~27. New York: International Universities Press, 1960.

Spitz, R. A. "Life and the dialogue." In *Counterpoint: Libidinal Object and Subject*, edited by H. S. Gaskill. New York: International Universities Press, 1963.

Stockard, C. H. *The Physical Basis of Personality*. New York: W. W. Norton, 1931.

Tucker, R. C. *Philosophy and Myth in Karl Marx*. London & New York: Cambridge University Press, 1961.

송제훈

서울에서 태어나 한양대학교 영어교육학과를 졸업했으며, 현재 서울 불암고등학교에서 학생들을 가르치고 있다. 한 개인의 삶과 정신의 성장이 기록된 책을 관심 있게 읽고 옮기고 있으며, 인간의 심리적 발달에 대한 주제로 관심을 넓히고 있다. 옮긴 책으로 《간디의 진리》, 《유년기와 사회》, 《아버지의 손》, 《러셀 베이커 자서전: 성장》, 《만만한 노엄 촘스키》, 《만만한 하워드 진》 등이 있다.

인생의 아홉 단계 — 나이 듦과 삶의 완성

2019년 9월 5일 초판 1쇄 발행
2024년 12월 6일 초판 4쇄 발행

- 지은이 ——— 에릭 에릭슨, 조앤 에릭슨
- 옮긴이 ——— 송제훈
- 펴낸이 ——— 한예원
- 편집 ——— 이승희, 양경아
- 본문 조판 ——— 성인기획
- 펴낸곳 교양인
  우 04015 서울 마포구 망원로6길 57 3층
  전화 : 02)2266-2776 팩스 : 02)2266-2771
  e-mail : gyoyangin@naver.com

ISBN 979-11-87064-40-4 93180

* 잘못 만들어진 책은 바꾸어드립니다.
* 값은 뒤표지에 있습니다.

이 도서의 국립중앙도서관 출판예정도서목록(CIP)은 서지정보유통지원시스템 홈페이지(http://seoji.nl.go.kr)와 국가자료종합목록시스템(http://www.nl.go.kr/kolisnet)에서 이용하실 수 있습니다.(CIP제어번호: CIP2019031659)